Liebster Dr. Huschel,

da Du ja auch

immer wieder gezwungen

sein wirst, auch

schlechte Nachrichten zu

überbringen

sehr, dass

Dir eine Hilfe sein

wird!   2018

Jalid Sehouli

Von der Kunst, schlechte Nachrichten
gut zu überbringen

Von der Kunst, schlechte Nachrichten gut zu überbringen

Prof. Dr. Jalid Sehouli
Direktor der Klinik für Gynäkologie
und Ordinarius an der Charité in Berlin

Kösel

Sollte diese Publikation Links auf Webseiten Dritter enthalten,
so übernehmen wir für deren Inhalte keine Haftung,
da wir uns diese nicht zu eigen machen, sondern lediglich auf
deren Stand zum Zeitpunkt der Erstveröffentlichung verweisen.

Editorische Notiz
Die im Buch geschilderten Situationen hat der Autor entweder selbst so erlebt
oder von Kollegen, Freunden oder Verwandten erzählt bekommen. Die Namen
der Fallgeschichten sind zum Schutz der Persönlichkeitsrechte so verfremdet,
dass keine Rückschlüsse auf die wirklichen Personen gezogen werden können.

MIX
Papier aus verantwor-
tungsvollen Quellen
FSC® C014496

Verlagsgruppe Random House FSC® N001967

Copyright © 2018 Kösel-Verlag, München,
in der Verlagsgruppe Random House GmbH,
Neumarkter Str. 28, 81673 München
Lektorat: Marlene Fritsch, Frechen-Königsdorf
Redaktion: Hans Georg Hoffmann, Berlin
Umschlag: Weiss Werkstatt, München
Umschlagfotografie: Werner Schüring, Berlin.
www.schuering-foto.com
Satz: Uhl + Massopust, Aalen
Druck und Bindung: GGP Media GmbH, Pößneck
Printed in Germany
ISBN: 978-3-466-34702-5
www.koesel.de

Dieses Buch ist auch als E-Book erhältlich.

Inhalt

Der Moment: »Kommen Sie bitte herein?«
Zwei Menschen begegnen sich

Susanne Sieckler wartet auf ihren Termin und vertreibt sich ihre Ungeduld mit dem Blättern in veralteten bunten Zeitschriften. Die Blätter sind teilweise schon etwas verblasst. »Diese Zeitschriften kennen wohl schon viele Wartende«, denkt sie.

Susanne Sieckler ist 31 Jahre jung und hat gerade das so lange vermisste Gefühl, sie wäre endlich wieder mitten auf der asphaltierten Straße des Lebens unterwegs. Die letzten Jahre waren schwer, verdammt schwer, immer wieder diese Rückschläge: der tödliche Verkehrsunfall ihres Mannes, die schweren Jahre der Trauer und der Verzweiflung, dazu die Verantwortung für ihre zwei Kinder: Noa, damals gerade vier Jahre alt, und Melissa, sieben Jahre alt. Dann die unzähligen Umschulungen, die sie auf Druck des Arbeitsamtes gemacht hat, ohne dass dabei eine feste Stelle herausgekommen ist. Nun, nach vier langen Jahren, bringen die Kinder endlich wieder gute Schulnoten nach Hause, sie arbeitet bei einer renommierten Kochschule am Viktoria-Luise-Platz in Berlin-Schöneberg und hat vor Kurzem John kennengelernt, der in der Solarenergiebranche eine bedeutende Position hat.

Und jetzt diese Diagnose: »Eierstockkrebs im fortgeschrittenen Stadium, dem schlechtesten aller Stadien –

Stadium IVb«, sagte ihr der Arzt, obwohl sie ihn gar nicht danach gefragt hatte. Das letzte halbe Jahr war die Hölle: Die Müdigkeit und die Bauchschmerzen wurden lange als Erschöpfungssyndrom und als psychosomatisch gedeutet. Gründe, dass der Körper auf die vielen psychischen Konflikte reagiert, gab es ja genug bei Susanne Sieckler. Es folgte eine Odyssee durch die Praxen verschiedener Ärzte mit unzähligen Untersuchungen – und weiteren Unklarheiten statt Diagnosen. »Woher kommt dieses Bauchwasser?«, »Trinken Sie denn Alkohol?«, fragten die Ärzte immer wieder. Als ein junger Arzt in der Rettungsstelle die Diagnose Eierstockkrebs zum ersten Mal diskutierte, wusste sie sofort, dass er recht hatte – und sie wusste in diesem Moment, dass ihr Leben nie mehr das alte sein würde.

Heute wird nun endlich das schon lange geplante und ersehnte Gespräch nach den drei Monaten der Chemotherapie stattfinden. »Staging« nennen Mediziner eine Zwischenbilanz und die Untersuchung, ob ein Tumor kleiner oder größer geworden ist. Zwei Krebsmedikamente und eine Unzahl anderer Medikamente hat sie in dieser Zeit genommen, um die Nebenwirkungen irgendwie erträglich zu machen. Es ist Halbzeit, sechs Monate Chemotherapie sind insgesamt geplant, freuen kann sie sich jedoch nicht über diesen Meilenstein. »Egal, Hauptsache, es hat geholfen«, stemmt sie ihren müden Gedanken entgegen. Die Krebstherapie hinterlässt Spuren, seelische und körperliche. Ihre schulterlangen, kastanienfarbenen Locken, um die sie schon als Kind alle beneidet haben, sind völlig verschwunden. Selbst die Augenbrauen sind ausgefallen. Und an die körperliche Schwäche hat sie sich immer noch nicht gewöhnt. Selbst das Denken und Träumen fällt ihr schwer.

Susanne wartet auf die Ärztin, die versprochen hatte, heute mit ihr die Befunde der Zwischenuntersuchungen zu besprechen. Sie hofft so sehr, dass die Blutwerte und die Ergebnisse der Computertomografie positiv für sie ausfallen und die Ärztin ihr sagt, dass die belastende Therapie gegen die Krebserkrankung gewirkt hat. Bis zum Zeitpunkt der Diagnose war sie nur einmal bei Ärzten gewesen, damals als Fünfzehnjährige, als sie eine Mandelentzündung hatte. Jetzt überlegt sie, wie oft ihr inzwischen schon Blut abgenommen wurde.

Sie blättert in ihrem Ordner und zählt die Laborausdrucke, die wie geheime Dokumente zu geheimen Nummernkonten aussehen: drei vor der großen Operation, sieben während des Krankenhausaufenthalts, eine vor der ersten Gabe der Chemotherapie und dann noch dreizehn während der gesamten Behandlung. Sie versucht das zusammenzuzählen. Mathematik war nie ihre Stärke, aber seit der Chemotherapie fällt es ihr noch viel schwerer. Nach drei Anläufen gelingt es. »Gestern war es die dreiundzwanzigste Blutentnahme«, sagt sie leise zu sich selbst und weiß nicht, ob sie stolz oder traurig sein soll.

Sie schaut nach links in den weißen Flur, Menschen kommen und gehen, einige kennt sie, anderen glaubt sie an einem anderen Ort schon einmal begegnet zu sein. Sie schaut auf ihren Terminzettel: 14 Uhr 30, dann auf die Uhr im Flur: 15 Uhr. Mit freundlicher und leiser Stimme fragt sie die Schwester, ob es sich noch weiter verzögern wird, da sie später in die Kita ihrer Tochter muss, heute ist großes Laternenfest. Vorher will sie aber noch einmal zu Hause vorbei. »Liebe Frau Sieckler, Frau Doktor, mit der Sie einen Termin haben, ist leider auf dem Weg zur Arbeit mit dem Fahrrad gestürzt und kann heute nicht kommen. Sie hat aber sofort nach dem Unfall angerufen und ihre Kollegin gebeten, das Gespräch mit Ihnen zu führen – toll, oder? Frau Dr. Fernandez-Meier kommt gleich, sie ist noch bei einer Operation, ich denke, in ein paar Minuten ist sie aber da.« Frau Dr. Fernandez-Meier kennt Susanne nicht, sie arbeitet auf einer anderen Station. »Na ja, egal«, sagt sich Susanne, »Hauptsache, ich erfahre heute meine Ergebnisse. Und die guten Befunde vorlesen kann doch bestimmt jeder Arzt.«

Dr. Fernandez-Meier ist seit fünfzehn Jahren Ärztin und macht aktuell ihre Zusatzausbildung zur Krebsmedizin, daher ist sie vor einem Jahr in das Krebszentrum gewechselt. Sie assistiert gerade bei einer großen Krebsoperation und hat zusätzlich an diesem Freitag 24-Stunden-Dienst, daher hat es sich wohl angeboten, dass sie das Gespräch für ihre Kollegin übernimmt. Gerne macht sie das nicht heute, sie kennt den Krankheitsverlauf der Patientin nicht. Sie hat vorhin nur den Anruf aus der Poliklinik erhalten, dass sie den Termin übernehmen soll. Irgendwie wird sie das Gespräch schon hinbekommen. Die über sieben Stunden dauernde Operation ist nun vorbei, Hunderte von Knoten am Bauchfell wurden entfernt, auch ein Stück Darm von etwa zwanzig Zentimetern musste entfernt werden, da dieser Bereich mit dem Eierstocktumor verbacken und die äußeren Gewebeschichten des Darmes vom Krebsgeschwür befallen waren.

Der Tag ist noch jung, als die Ärztin sich auf den Weg zur Poliklinik macht. Für das Gespräch mit Frau Sieckler hat sie leider nur etwa zwanzig Minuten Zeit, dann muss sie wieder in den Operationstrakt: Eine junge Frau hatte eine Fehlgeburt und braucht nun eine Ausschabung. »Schnell die Akte studieren, dabei etwas trinken, einen Müsliriegel essen und dann die Patientin hereinrufen«, denkt sich Dr. Fernandez-Meier, als sie vor dem Fahrstuhl wartet. Mit einem angestrengten Lächeln schaut sie Frau Sieckler an, die bereits vor der Tür des Besprechungszimmers wartet. »Guten Tag, Frau Sieckler, ich bin gleich so weit«, sagt sie. »Lassen Sie sich ruhig Zeit und verschnaufen Sie erst einmal«, antwortet Frau Sieckler und strengt sich dabei an, nicht an das Laternenfest ihrer Tochter zu denken.

Die Ärztin öffnet die Flasche Wasser, der Deckel geht nur schwer auf, dann endlich ein tiefer Schluck. »Mist, der Müsliriegel ist in meinem Dienstzimmer«, denkt sie, als sie die Akte von Frau Susanne Sieckler, geboren am 19.6.1987, öffnet. Sie blättert die dicke Akte durch, sucht den Arztbrief vom ersten Krankenhausaufenthalt und die Angaben zur Diagnose: Serös-papilläres high grade Ovarialkarzinom, FIGO Stadium IVb, Z. n. Längslaparotomie, Adnektomie, Omentektomie und Peritonektomie, postoperativer Tumorrest kleiner als 1 cm.

Die Ärztin weiß schnell, dass die Heilungschancen nicht gut sind – Tumorreste sind also trotz der Operation verblieben. Und dann sind da noch die Lebermetastasen ... »Hoffentlich hat die Chemotherapie gewirkt«, denkt die Ärztin, als sie nach den Ergebnissen der Zwischenuntersuchungen greift. Tumormarker CA-125 vor der Chemotherapie 1490 Einheiten, Tumormarker Ca-125 nach drei Gaben der Chemotherapie 2750 Einheiten. Hektisch sucht die Ärztin im Rechner nach dem Computertomogramm, um der Vorahnung, dass der Tumor trotz der Chemotherapie weiterwächst, vielleicht etwas entgegenzusetzen und ein Argument zu finden, dass die belastende Krebsbehandlung nicht ganz umsonst war.

Dr. Fernandez-Meier wird gegen ihren Willen immer ungeduldiger. Sie schnalzt mit ihrer trockenen Zunge, tippelt mit ihren müden Fingern auf der Tischplatte und glaubt, damit die Zeit irgendwie beschleunigen zu können. Es gelingt ihr aber nicht. Es ist ein zweieinhalbseitiger Bericht. Sie hat weder die Zeit noch die Geduld, alle Zeilen zu lesen, sodass sie direkt in den Absatz »Gesamtbeurteilung« springt. Im Vergleich zu den Voraufnahmen: »Deutlicher Progress der peritonealen und hepatischen Metastasen.« Die Ärztin schluckt, als ob sie gerade ein viel zu großes Stück Sandkuchen gegessen hätte. »Der Tumor ist gewachsen, ich muss es ihr sagen!«, denkt sie. Das Telefon klingelt, der Oberarzt ist in der Leitung und bittet sie, pünktlich im Operationssaal zu sein, die Patientin warte schon lange auf den Eingriff. »Ja, klar!«, sagt sie und legt schnell auf.

Dr. Fernandez-Meier steht auf, schaut in den Spiegel an der Tür, wischt sich schnell das Apricot des Lippenstifts ab – irgendwie hat sie ein schlechtes Gewissen, diese Farbe für eine solche Botschaft auf den Lippen zu tragen –, holt tief Luft und öffnet die Tür zum Warteraum.

»Frau Sieckler, kommen Sie bitte herein?«

Wer dieses Buch braucht und warum es ein Arzt schreiben musste

Die Übermittlung von schlechten Nachrichten ist eine der schwersten Aufgaben, nicht nur im klinischen Alltag eines Arztes, sondern in nahezu allen Berufen und Bereichen unseres Lebens. Was aber sind eigentlich schlechte Nachrichten? Sind sie nicht zu verschiedenartig, als dass man *den einen* Verlauf beschreibt, den sie nehmen? Natürlich, das Überbringen schlechter Nachrichten ist so vielfältig wie das Leben – und Sterben – selbst. Dennoch gibt es dazu ein paar generelle Beobachtungen zu machen. Jeder kennt derartige Geschichten: Ärzte, Krankenschwestern, natürlich auch Patienten, Polizisten, Sanitäter, Feuerwehrmänner, Unternehmer, selbst Tierärzte. Was sind aber die Gemeinsamkeiten? Was kann man aus diesen Geschichten lernen – und zwar als Betroffener, aber auch als Überbringer der schlechten Nachricht?

Für Mediziner gilt: Gute Nachrichten zu verkünden, ist an sich keine komplexe Herausforderung, auch wenn wir viel bewusster mit diesem Instrument umgehen sollten, als es der Blaulichtalltag zulässt. Deswegen werde ich im zweiten, größeren Teil dieses Buchs auch auf dieses Thema eingehen. Denn das Überbringen guter Nachrichten wird noch weniger bewusst gestaltet als das Überbringen schlechter Nachrichten. Aber dem Patienten schlechte Nachrichten zu übermitteln, ohne ihn in ein tiefes Loch zu stürzen – das ist ärztliche Kunst. Auch in einer nach Lage der Dinge »hoffnungslosen« Situation kann man positive Aspekte für den weiteren Verlauf der Therapie oder des Lebens des Patienten finden und diese kommunizieren, ohne Unwahrheiten zu sagen. Wenn das Gespräch gut verlaufen ist, fühlen sich die Patienten adäquat informiert, unterstützt und versorgt. Das kann für beide Seiten – Arzt und Patient – eine sehr befriedigende, positive Erfahrung sein. Für Patienten mit lebensbedrohlicher Krankheit ist die offene und empathische ärztliche Kommunikation eine der wichtigsten Hilfen in der Auseinandersetzung mit der Krankheit. Und diese existenzielle Erfahrung lässt sich auch auf andere Lebensbereiche unserer Gesellschaft übertragen.

Breaking Bad News

Schlechte Nachrichten werden überbracht, seit Menschen miteinander kommunizieren. Auf Höhlenzeichnungen wird davon berichtet, dass ein Platz nicht sicher ist oder dass sich an diesem Ort eine Katastrophe ereignet hat. Aus der griechischen Mythologie kennen wir die Geschichte von Apollon, dem Gott des Lichts. Er soll über die Nachricht, dass seine Geliebte Koronis den Konkurrenten Ischys heiratete, so erzürnt gewesen sein, dass er den ursprünglich weiß gefiederten Raben, der ihm diese Nachricht überbrachte, für alle Zeiten schwarz färbte. Fortan konnte der Rabe auch nicht mehr singen, sondern nur noch krächzen. Der Überbringer der schlechten Nachricht wurde bestraft und verdammt.

Auch das Alte Testament, eine Grundlage der drei abrahamitischen Religionen Judentum, Christentum und Islam, weiß eine düstere Geschichte vom Überbringen schlechter Nachrichten zu erzählen: Wir finden sie im Buch Hiob, in dem Gott seinen treuesten Diener mit immer schlimmeren Verlusten und Leiden belegt und so dessen Gottesbeziehung auf schwerste Proben stellt. Die sprichwörtliche Hiobsbotschaft leitet sich von dieser biblischen Erzählung ab und steht heute sinnbildlich für katastrophale Nachrichten, die wir als ungerecht empfinden oder die uns aus heiterem Himmel treffen. Diese Geschichte zeigt aber auch, dass dem Menschen verschiedene Ressourcen bei der Bewältigung schlechter und sogar katastrophaler Nachrichten helfen können. Etwa die Gespräche Hiobs mit seinen Freunden. Oder auch sein fester Glaube, vielleicht würden wir heute eher sagen: seine Spiritualität, seine Resilienz und auch die Achtsamkeit.

Trotz der vielen historischen Zeugnisse darüber, dass die Übermittlung von schlechten Nachrichten schon immer das Leben der Menschen begleitete und prägte, verwundert es, dass so wenig über den Umgang mit dieser Tatsache bekannt ist und dass darüber nur sehr wenige Erfahrungen mitgeteilt wurden. Das Thema ist wohl emotional zu schwer, zu sehr tabuisiert, als dass es den intimen Raum des Einzelnen verlassen konnte. Darüber zu sprechen und zu schreiben, scheinen mir die besten Mittel für eine notwendige Enttabuisierung zu sein. Sie werden in diesem Buch deshalb auch nicht nur analytische und abstrakt Rat gebende Kapitel finden. Sondern das, was für mich unser Leben ausmacht, was mich auch dazu gebracht hat, dieses Buch überhaupt zu schreiben: Geschichten, die ich erlebe; die mir erzählt werden; die besser als Statistiken, Tabellen oder Studien einen Eindruck davon vermitteln, wo die Herausforderung liegt für Menschen, die eine schlechte Nachricht zu überbringen haben. Und was daran aber auch schön sein kann. Diese Geschichten sind grafisch etwas abgesetzt, damit sie leicht gefunden werden. So kann dieses Buch auch als eine Sammlung intensiver menschlicher Begegnungen und Schicksale gelesen werden.

Ich bin Mensch, Arzt, Wissenschaftler und Lehrer und möchte mich mit meinen Erfahrungen diesem Thema nähern, möchte mit Ihnen als Arzt und Mensch in Dialog treten. Ich konzentriere mich im Folgenden vor allem auf die Medizin, mit der ich mich seit über dreißig Jahren beschäftige – damals als junger Student und heute als Direktor der Frauenklinik mit dem Schwerpunkt Krebserkrankungen der Frau. Ich werde Ihnen von meinen Begegnungen mit Patientinnen, Angehörigen und meinen Kolleginnen und Kollegen erzählen und hoffe, dass wir damit auch von Erfahrungen anderer Menschen profitieren werden. Als Kollege, als Betroffener, als Beobachter – wir werden feststellen, dass bei der Übermittlung von schlechten Nachrichten die Rollen ineinander übergehen. Weniges ist eindeutig, auch wenn die Diagnose es zu sein scheint. Wie verschieden unsere Berufe auch sein mögen, es gibt viele Gemeinsamkeiten mit anderen Aufgaben oder Situationen. Lassen Sie sich darauf ein, wenn ich Sie als Arzt, Patienten, Angehörigen oder Freund anspreche. Versuchen Sie diese Rolle anzunehmen und achten Sie auf Ihre eigenen Emotionen und Gedanken.

Aber lässt sich das Überbringen von schlechten Nachrichten überhaupt erlernen, so wie man das Diagnostizieren oder das Operieren erlernen kann? Verschiedene Studien konnten eindeutig zeigen, dass dies der Fall ist und sowohl Medizinstudenten als auch Ärzte von der Beschäftigung mit diesem Thema nachhaltig profitieren. Schlechte Nachrichten sind unterschiedlich, sowohl in ihrer Häufigkeit als auch in ihrer Tragweite, was die existenzielle Bedrohung und die Konsequenzen angeht, die sich aus ihnen ergeben. Die Überbringung schlechter Nachrichten gehört zu den häufigsten, aber auch unangenehmsten Aufgaben eines Arztes. In seiner Zeit im Beruf führt er mehr als 200 000 Gespräche mit Patienten und deren Angehörigen. Für beinahe alles im Berufsalltag gibt es Checklisten und Weiterbildungscurricula mit Zertifikaten der jeweiligen Ärztekammer. Wie ein Arzt seine Gespräche zu führen hat oder wie er sie führen kann, dafür gibt es jedoch nur sehr wenige Fort- und Weiterbildungsangebote. Er ist verpflichtet, unzählige zusätzliche Qualifikationen zu erwerben, da er sonst seine Berufserlaubnis verlieren kann. Weder in Deutschland noch in sonst einem anderen Land ist es dagegen verpflichtend, Kurse oder Weiterbildungen in der Arzt-Patienten-Kommunikation zu besuchen. Die Übermittlung von schlechten Nachrichten ist für alle Menschen schwierig und immer noch schwerer, wenn man diese Gespräche zu vermeiden sucht oder wenn sie unreflektiert bleiben, weil man sie nicht professionell trainiert.

Es stimmt einfach nicht, dass man es »im Blut« haben muss oder nicht, wie man am besten mit seinem Gegenüber spricht und auch schlechte Nachrichten so übermittelt, dass die Empfängerin / der Empfänger am Ende nicht wie gelähmt ist und ohne Orientierung und Hoffnung aus dem Gespräch geht. Besser wäre es, von einem Dialog zu sprechen, denn das ist das Wichtigste daran: Der Austausch von Informationen in beiden Richtungen. Ein Gespräch, das nur einseitig geführt wird, ist zum Scheitern verurteilt und wird mein Gegenüber nicht dazu bringen, selbst handlungsfähig zu bleiben oder zu werden. Darum geht es: Den anderen dazu zu befähigen, selbstverantwortlich zu handeln, aktiv zu werden, ihn also nicht in eine emotionale und mentale Sackgasse zu führen.

Unter dem Terminus »Breaking Bad News« – im Deutschen hat man bisher keinen adäquaten Begriff gefunden – wird das Überbringen einer Nachricht verstanden, die den Blick auf die Zukunft drastisch und negativ verändert. Aus ärztlicher Sicht ist damit das schwierige Gespräch gemeint, in dem der Arzt bewusst einem Patienten die Botschaft vermittelt, dass er an einer existenzbedrohenden, unheilbaren Krankheit leidet. Die Definition ist sicher nicht umfassend und allgemeingültig, da die Bewertung, wie schwer die Nachricht wiegt, sehr unterschiedlich sein kann und von verschiedenen individuellen Faktoren wie Erfahrung, Lebensphilosophie, Spiritualität, Religiosität, Alter und Ausbildung beeinflusst wird. Auch der kulturelle Kontext spielt eine wichtige Rolle. Es ist zudem davon auszugehen, dass auch die Summe und die Frequenz der schlechten Nachrichten Einfluss auf die Wahrnehmung und die Bewertung der Nachrichten haben kann.

Was bei der Verarbeitung der Nachricht eine Rolle spielt, ist sicher, wie viel Zeit zwischen möglicherweise mehreren schlechten Nachrichten vergangen ist und welche Konsequenzen diese für das weitere Leben der Betroffenen hatten bzw. wie erfolgreich der Verarbeitungsprozess in der Vergangenheit war. Insbesondere für diesen Verarbeitungsprozess scheint es zudem wichtig zu sein, wie die Betroffenen in der Zeit nach dem Erhalt der schlechten Nachricht damit umgegangen sind. Das heißt, wie aktiv sie sich dabei erlebt haben, ihr Schicksal meistern zu können, und ob es in dieser Zeit auch gute Nachrichten gab. Nicht zu unterschätzen ist außerdem der aktuelle Gesundheitszustand des Betroffenen. Gemeinsam ist allen schlechten Nachrichten aber, dass sie die Hoffnungen und Träume eines Menschen zerstören können. Das muss nicht unbedingt den realen Gegebenheiten entsprechen, sondern kann auch nur vom Betroffenen so empfunden werden. Es geht also um das Gefühl, einer Bedrohung ausgesetzt zu sein, und eine plötzlich veränderte Sicht auf das zukünftige Wirken und Wahrnehmen. Aus meiner Erfahrung heraus übermitteln Ärzte viel häufiger schlechte Nachrichten, als ihnen bewusst ist. Denn eine schlechte Nachricht ist nicht nur, wenn man einem Menschen sagen muss, dass er unheilbar erkrankt ist. Es kann auch etwas sein, das aus medizinischer Sicht keine schlechte Nachricht darstellt, für den Patienten aber Hoffnungen zerstört oder Ängste auslöst.

Die Übermittlung von schlechten Nachrichten gehört zu vielen Lebensbereichen, zur Berufswelt ebenso wie zum Privaten. Die Techniken sind erlernbar, können professionalisiert werden, ohne dass dabei die Kraft der Empathie und Anteilnahme verloren geht. Sich mit der Übermittlung von schlechten Nachrichten gezielt auseinanderzusetzen, sie zu reflektieren, zu trainieren kann dabei helfen, diese Aufgabe gut zu lösen und sogar Erfüllung in ihr zu finden. Dieses Buch möchte Sie darin unterstützen, ein Verständnis für diese verantwortungsvolle Arbeit zu entwickeln; es will sowohl dem Überbringer als auch dem Empfänger schlechter Nachrichten praktische Hilfen geben. Dabei geht es nicht um ein Patentrezept, nach dem jedes Gespräch dieser Art abzulaufen hat. Sondern mehr um die Entdeckung der kostbaren Zutaten eines guten Gesprächs und der Achtsamkeit darauf, wie der andere Mensch und wie man selbst reagiert.

Die untragbare Angst

Ich muss im ersten Ausbildungsjahr gewesen sein, es war Frühling, ich erinnere mich an das Gefühl dieser Zeit. Ich war begeistert von der Gynäkologie, vor allem die Krebsoperationen faszinierten mich. Ich war immer wieder beeindruckt, welche gewaltigen Operationen ein Mensch überstehen kann.

Als junger Arzt war ich auf der Station für die Vorbereitung der Neuaufnahmen zuständig, Anamnese und die allgemeinen Untersuchungen der Lungen- und Herzfunktion; die gynäkologischen Untersuchungen erfolgten später durch den Oberarzt. An diesem Tag war ich für zwei Neuaufnahmen zuständig. Ich fragte die Schwestern, welche der beiden Patientinnen bereits nach der Befragung der Schwestern fertig war.

»Gerda Müller«, sagte die Oberschwester, »aber beeile dich, sie wird gleich zum EKG abgeholt.« Gerda Müller war 86 Jahre alt und sah blendend aus, niemand hätte auf Anhieb ihr Alter erraten können. Ich stellte mich vor und fragte sie gleich, was sie denn früher beruflich gemacht hätte, weil ich wissen wollte, welcher Beruf ein so hohes Alter und eine derartige Schönheit ermöglicht. Sie war Sekretärin in einer Modefirma gewesen. Ob sie Kinder habe, fragte ich. »Nein, mein Mann und ich wollten keine, wir hatten einfach zu viele andere Dinge zu tun«, antwortete sie. »Sie waren immer Nichtraucherin, oder?«, fragte ich dann. Sie lächelte und nickte. »Ja, ich habe nie geraucht.« Sie hatte eine Scheidenblutung und war deshalb ins Krankenhaus aufgenommen worden. »Ich habe seit über 35 Jahren keine Blutung mehr gehabt, daher hatte ich eine Ausschabung und nun diese Diagnose«, sagte sie, als ob sie sich dafür entschuldigen wollte.

Eine postmenopausale Blutung ist ein Kardinalsymptom

für Gebärmutterkrebs, das war auch das Ergebnis der Ausschabung. Am nächsten Tag sollte sie operiert werden. Alle Befunde zeigten an, dass sich die Krebserkrankung im Frühstadium befand, eine zusätzliche und aufwendige Lymphknotenentfernung war nicht geplant.

Ich fragte nach ihrem Ehemann. »Dem geht es nicht so gut. Er ist 92 Jahre alt, hat seit vielen Jahren Asthma, und die Pollen machen ihm gerade sehr zu schaffen. Er ist zu Hause geblieben«, erzählte sie mir. »Unsere Nachbarin schaut später vorbei und bringt ihm etwas zu essen, ich mach ja sonst den ganzen Haushalt, Herr Doktor«, sagte sie stolz. »Er ist eben nicht mehr der Jüngste«, fügte sie hinzu. »Ich muss schnell wieder zu ihm nach Hause, ich kann also nicht lange im Krankenhaus bleiben. Ich denke, Sie verstehen mich, mein Mann macht sich große Sorgen um mich.«

Am nächsten Tag war sie die erste Patientin im Operationssaal. Der Eingriff verlief erfolgreich, die Gebärmutter und die Eierstöcke konnten ohne Komplikationen entfernt werden. Während der ganzen Operation war sie stabil, sie hatte kaum Blut verloren, sodass sie ohne Zwischenstopp von der Intensiv- auf die Station zurückverlegt werden sollte.

Dann kam ein Anruf. Die Nachbarin war am Telefon, sie sprach sehr leise. Ich bat sie, etwas lauter zu sprechen, ich konnte sie nicht verstehen. »Herr Müller ist tot«, sagte sie. »Tot?«, fragte ich ungläubig. »Ja, tot, einfach tot, er hat sich erschossen.« Ich rief sofort den Oberarzt an und erzählte ihm diese tragische Geschichte.

»Was soll ich tun?«, fragte ich ihn und hoffte, dass er nun alles in die Hand nahm und ich den seltsamen Geschmack in meinem Mund schnell wieder loswerden konnte. »Ruf bitte einen Psychologen an und frag ihn, ob er der Patientin die schlimme Nachricht überbringen könne. Wenn du nicht weiterkommst, kannst du mich ja noch einmal anrufen.«

Ich rief den diensthabenden Psychiater an, er war sehr nett. Aufgeregt erzählte ich ihm alle Details, bis er mich unterbrach. »Mal ganz ruhig, Herr Kollege, wo ist denn die Patientin jetzt?«

»Ihr geht es sehr gut, aber wegen ihres Alters ist sie noch auf der Intensivstation«, antwortete ich.

»Hat sie Angehörige?«, fragte der Psychologe.

»Ja, eine jüngere Schwester, die aber in Düsseldorf lebt und mit der sie nicht viel Kontakt hat.«

»Wann soll sie von der Intensivstation verlegt werden?«, fragte er nach.

»Ich denke, morgen«, antwortete ich. »Was soll ich tun?« Wieder hoffte ich, dass der Kollege mir ein Angebot unterbreiten würde, die Überbringung der schlechten Nachricht zu übernehmen. Ich wartete auf seine ersten Worte, doch es blieb still am anderen Ende. Das verunsicherte mich und ich dachte, dass vielleicht die Telefonverbindung zusammengebrochen war. »Hallo, Herr Kollege, sind Sie noch da?«

Wieder eine Pause und dann hörte ich einen leisen Seufzer. »Ich bin da, also warten Sie, bis eine der Bekannten der Patientin ins Krankenhaus kommen kann, und dann bitten Sie sie, das zu übernehmen, das müssen Sie nicht selbst tun«, sagte er schnell. Damals beruhigte mich diese Aussage, aber es blieb ein seltsamer Geschmack zurück. Ist es wirklich nicht meine Aufgabe? Muss ich mich darum nicht doch kümmern?

Heute weiß ich, dass ich ohne diese Verantwortung, meinen Patienten auch schlechte Nachrichten überbringen zu müssen, meinen Beruf nicht lieben und leben kann. Aus einer Verantwortung wurde mit der Zeit ein Geschenk, da ich so als Arzt und Mensch wunderbare Begegnungen und Erfahrungen sammeln durfte und hoffentlich noch weiter sammeln darf.

Wie wird Kommunikation gelehrt und gelernt?

Es gibt kaum einen Beruf, in dem Kommunikation nicht eines der zentralen Themen der täglichen Arbeit ist. Im Studium und in der Ausbildung wird aber nur selten verbale und noch weniger nonverbale Kommunikation strukturiert vermittelt. Gespräche werden in Übungen – wenn überhaupt – nur idealisiert, aber nicht real dargestellt, Konfliktsituationen kaum oder nur oberflächlich behandelt. Im Medizinstudium stellt die Anamnese, also die Erfragung aller medizinisch relevanten Informationen durch den Arzt, das wichtigste Verfahren für die Diagnose und Prognose dar. Trotz dieser unbestrittenen Bedeutung wird ihr sowohl im Studium als auch in der Weiterbildung noch zu wenig Beachtung geschenkt. Im klinischen Alltag ist durch die chronische Zeit- und Personalknappheit die Qualität und Quantität der Anamnese immer weiter unter Druck.

So schauen sich nach wie vor jüngere Ärzte die Gesprächstechnik einfach bei älteren ab, aber ohne Methode und ohne Reflexion. Aber so wie Cello spielen, Ski fahren etc. eben auch nicht allein durch Zuschauen und Nachahmen erlernt werden kann, sondern durch begleitetes Üben, müssen in der ärztlichen Aus- und Weiterbildung neue Lern- und Gesprächstechniken angewandt und eingeübt werden. Ältere, erfahrene

Ärzte erledigen schwierige Gespräche zwar routinierter als jüngere, oft lassen sie aber genauso die Bedürfnisse der Patienten dabei außer Acht und ermutigen sie kaum, ihre eigenen Gedanken und Gefühle zu äußern.

Gute Kommunikation auch in schwierigen Krankheitssituationen muss und kann genauso erlernt werden wie bestimmte komplizierte Operationstechniken. Der positive Effekt solcher Ausbildungsinhalte ist übrigens messbar: Patienten von Ärzten, die ein Kommunikationstraining durchlaufen haben, weisen signifikant stärkere Stressreduktionswerte auf als Patienten einer Kontrollgruppe von Ärzten ohne entsprechende Weiterbildung. Leider ist ein solches Training in der Aus- und Weiterbildung bis heute keineswegs selbstverständlicher Bestandteil, erst allmählich findet es Eingang in die Regelstudiengänge. Professionell arbeitende Mediziner – also Ärzte, aber auch in der Pflege oder im Sozialdienst Beschäftigte, Hebammen, Psychoonkologen etc. – sollten ein Training auf diesem Gebiet durchlaufen. Und zwar am besten nicht nur einmal, sondern in regelmäßigen Abständen.

Das gilt auch für alle anderen Berufsgruppen oder Menschen, die sich auf das Überbringen schlechter Nachrichten einzustellen haben. Für die Polizei etwa liegt der Bedarf auf der Hand – und die entsprechende Ausbildung mindestens so im Argen wie bei den medizinischen Berufen. Auf einer Fahrt nach Leipzig kam ich im Zug mit einem noch unter fünfzigjährigen Mann in Polizeiuniform ins Gespräch, »Herr Schmidt« stand auf seinem Namensschild. Ich sprach ihn an, da mich seine Erfahrungen mit dem Thema Überbringen von schlechten Nachrichten interessierten. Ja, das sei »einmal in der Ausbildung angesprochen worden und ist sehr wichtig«, antwortete er auf meine Frage.

»Und haben Sie häufig schlechte Nachrichten zu überbringen?«, fragte ich weiter.

»Das hängt vom Aufgabengebiet bei der Polizei ab. Früher war ich auf Streife, da war es vielleicht zwei oder drei Mal im Jahr. Heute arbeite ich bei der Mordkommission, da ist es deutlich häufiger der Fall.«

Ich erzählte ihm vom Alltag der Mediziner, er mir von der Polizeiarbeit, wir stießen auf mehr Gemeinsamkeiten als Unterschiede. »Es ist verdammt schwer« – ich stimmte ihm uneingeschränkt zu.

»Wir haben aber eher einen emotionalen Abstand dazu, da wir die Angehörigen vorher nicht kennen. Sie als Arzt kennen ja die Familien meist schon seit Längerem, Sie haben eine andere Verbindung zu diesen Menschen«, führte er aus.

Wir diskutierten die jeweiligen Vor- und Nachteile dieser Tatsache, wobei es auch in der Medizin viele Situationen gibt, in denen der Arzt den Angehörigen zum ersten Mal begegnet und z. B. die Todesnachricht nach dem Unfall oder einer Notoperation zu überbringen hat. Dies ist insbesondere auf den Intensivstationen häufig der Fall. Sind sich die Personen vorher nie begegnet, ist es schwer, eine Beziehung aufzubauen. Es fehlen in der Regel auch wichtige Vorabinformationen zum Verstorbenen, aber auch über die Person, der man die schlechte Nachricht überbringen muss.

»Die Beziehung zwischen dem, der die Nachricht übermittelt, und dem, der die Nachricht erhält, ist in der Medizin und Psychologie aber das maßgebliche Werkzeug jeglicher Intervention«, sagte ich. Auf der anderen Seite kann es ein Schutz für den Überbringer sein, den Betroffenen nicht gekannt zu haben und auf diese Weise nicht zu nah an der schwierigen Situation und dramatischen Geschichte zu sein. »Es ist gut, dass man sich diese Dinge bewusst macht, aber an sich können wir uns, egal ob Arzt oder Polizist, die Situation nicht aussuchen. Wir müssen uns den Rahmenbedingungen stellen, die wir in der Situation vorfinden«, kommentierte ich seine Ausführungen und Erfahrungen.

»Und wie ist die Weiterbildungsstruktur nach der dreijährigen Ausbildung zum Polizisten, wie haben Sie sich nun in den letzten 25 Jahren mit dem Thema auseinandergesetzt?«, fragte ich ihn.

Es folgte eine längere Pause, die für mich etwas überraschend war, da er im bisherigen Gespräch sofort auf meine Fragen mit klaren und sehr detaillierten Ausführungen reagiert hatte. »Es wird je nach Bedarf weitergebildet«, antwortete er dann zögerlich.

»Je nach Bedarf? Das verstehe ich nicht«, sagte ich und bat ihn, mir das zu erklären.

»Das heißt: Wenn der Polizist einen Bedarf äußert, dann wird er diesbezüglich neu geschult, aber er muss das selbst entscheiden.«

»Da haben wir wieder eine Ähnlichkeit und zugleich einen Unterschied zur Medizin«, sagte ich.

»In der Medizin wird auch nach der Ausbildung mit diesem Thema nicht strukturiert umgegangen, das ist die Ähnlichkeit.«

»Und was ist der Unterschied?«

»In der Klinik oder in einer Praxis muss der Arzt derartige Weiterbildungsangebote selbst organisieren und in der Regel auch selbst finanzieren, selbst wenn der Arbeitgeber, die Krankenkassen und vor allem die Patienten davon profitieren.«

Ich bin der Meinung, in Berufen wie der Polizei oder der

Medizin sollte mit dem Thema »Breaking Bad News« doch ganz anders umgegangen werden. Alle reden von Sicherheit und Prävention, und bei einem solch wichtigen Gebiet wird das einfach ausgeklammert. In der Medizin werden in unzähligen Bereichen wie Hygiene, Strahlenschutz, Arbeitsschutz, Bluttransfusionen regelmäßige Pflichtfortbildungen durchgeführt. Für die unterschiedlichsten Zertifizierungen wird dies genauso gefordert. Warum existiert dies nicht für die Aus- und Weiterbildung im Umgang mit schlechten Nachrichten? Zumindest könnte ein strukturiertes Abfragen der jeweiligen Berufsgruppen helfen. Ferner sollten grundsätzlich die Fortbildungsangebote für die Teilnehmer kostenlos sein.

Agadir

Es ist 21 Uhr. Ich rufe meine Assistentin an, weil ich noch, bevor ich hoffentlich morgen mit meiner Familie für sieben lange Tage nach Agadir fahre, meine Patientinnen auf der Station 35 besuchen möchte. Da gibt es die Lehrerin aus Libyen, in einem anderen Zimmer eine verängstigte Patientin mit Verdacht auf Eierstockkrebs. Aufgrund ihrer vielen und schweren Nebenerkrankungen ist eine Operation mehr als ein Wagnis, wir versuchen die internistischen Begleitprobleme zu verbessern. Dann gehen wir weiter in das Nachbarzimmer: eine ältere Patientin, die vor wenigen Tagen operiert wurde. Sie ist erstaunlich fit und bei bester Stimmung. Auch ihre Bettnachbarin ist vor einigen Tagen operiert worden, mehr als fünf Stunden lang. Beide freuen sich über unseren späten Besuch.

»Herr Professor, was wurde eigentlich operiert?«, höre ich die Jüngere fragen, als ich im Gespräch mit der älteren Patientin bin. Ich schaue etwas irritiert, die Operation ist schon sechs Tage her und ich hatte mit ihr darüber bereits vor einigen Tagen gesprochen. Bevor ich antworten kann, sagt meine junge Assistentin: »Die Gebärmutter, die Eierstöcke, die Fettschürze und die Lymphknoten – so, wie wir es vor der Operation besprochen hatten und wie ich es Ihnen schon mehrmals, zuletzt heute Morgen, erklärt habe.«

»Ja, aber es ist doch sicher nicht so schlimm und alles wird doch wieder gut, Herr Professor, stimmt's?«, fragt die Patientin und schaut mich mit flehendem Blick an, streckt mir die Hände entgegen. Ich nehme ihre Hand und erkläre ihr, dass wir erst die abschließenden Gewebeanalysen abwarten müssen und dann alles besprechen können.

»Sind die Befunde noch nicht da?«, fragt sie. Ich schaue meine Assistentin an und sie antwortet, dass diese wahrscheinlich in den nächsten Tagen vorliegen werden. Wir verabschieden uns von beiden Patientinnen und verlassen das Krankenzimmer. Schon nach wenigen Schritten meint die Assistentin: »Herr Professor, die Patientin ist so nett, aber sie will die Diagnose Krebs gar nicht annehmen und hofft so sehr, dass es doch nur ein gutartiger Tumor ist. Die Histologie ist da, es ist Eierstockkrebs, aber es fehlen noch einige Zusatzuntersuchungen. Ich warte lieber noch auf die letzten Befunde, aber dann werde ich es ihr sagen.«

Ich bleibe stehen: »Es ist nicht gut, die Wahrheit, auf die man wartet, vor sich herzuschieben und kostbare Energie darauf zu verwenden, sie zu verbergen. Dieses Verstecken bemerken Patienten. Lassen Sie uns bitte zur Patientin zurückgehen«, sage ich.

»Jetzt, Herr Professor?«, fragt sie erstaunt. »Ja«, antworte ich, »jetzt.«

Wir öffnen die Zimmertür und beide freuen sich wieder, als würden wir zu einer großen Geburtstagsfeier zurückkommen. Ich setze mich zu der Patientin, nehme ihre Hand und erkläre ihr kurz noch einmal, was operiert wurde. Dann sage ich ihr, dass der Befund schon da ist, dass es sicher Eierstockkrebs ist, wir jedoch auf die weiteren Befunde der Lymphknoten und des Bauchfells warten müssen, um dann das exakte Tumorstadium zu kennen.

»Natürlich, Herr Professor, wir warten auf die letzten Ergebnisse, in Ordnung«, antwortet sie. Ich sage, dass es mir wichtig sei, dass sie die Befunde kenne, um sich orientieren zu können. Auf dem Weg zur Tür ruft mir die Patientin zu: »Herr Professor, aber eine Chemotherapie werde ich sicher nicht brauchen, oder?«

»Das weiß ich noch nicht, aber die meisten Frauen benötigen eine Chemotherapie, also gehen Sie bitte eher davon aus, dass Sie in einigen Wochen eine medikamentöse Krebstherapie beginnen werden. Jetzt können wir das aber noch nicht festlegen«, antworte ich. Und damit endet mein Dienst an diesem Abend.

Wir sind nun schon einige Tage an der Atlantikküste, in der Hafenstadt Agadir im Süden Marokkos, genießen die kostbaren Sonnenstrahlen im November, sind dem Grau in Berlin entflohen. Wir beobachten die Möwen am Horizont, die aus irgendeinem Grund ständig im Kreis fliegen, mehr als hundert Vögel drängeln sich auf dem luftigen Karussell, ohne verdrossen zu sein, wenn sie nicht den besten Flugplatz ergattert haben. Wir treffen Nizar, den »chef d´animation«, er lächelt, sein dunkles Haar hat er mit etwas Gel wild nach hinten gekämmt. Er ist wirklich ein Allrounder: Er kann singen, Salsa tanzen, surfen, Klavier und Gitarre spielen, zudem spricht er Deutsch, Arabisch, Englisch, Spanisch, Französisch und Marokkanisch und ist gerade einmal 36 Jahre jung. Seine Frau Tamara ist schwanger, er lebt nun seit neun Monaten wieder in Marokko, seine beiden anderen Kinder sind bei seiner Exfrau in der Schweiz geblieben. Nizar haben wir bisher immer nur lächelnd und singend erlebt. Wir verstanden uns sehr schnell und spürten Vertrauen, als ob wir uns schon seit Jahren kennen würden. Er verließ schon als junger Bursche Marokko, um in den Hotels der großen Welt seine Kunststücke zu zeigen und das Publikum zu begeistern, egal wie groß oder klein es auch war. Algerien, Tunesien, Kuba und Ägypten waren seine Bühnen, bevor er in die Schweiz ging und dort als Lokomotivführer arbeitete.

Ägypten war ein dramatischer Wendepunkt in seinem noch so jungen Leben. In Sharm El Sheikh fuhr er mit dem Motorrad durch die Straßen, als zwei Frauen plötzlich vor einem Reisebus, der am Straßenrand hielt, die Straße überqueren wollten. Nizar konnte sie nicht kommen sehen, vier Wochen lag er anschließend im Koma, er hatte ein schweres Hirntrauma und Blessuren am Knie. Zum Glück hatte er aber trotz sengender Hitze einen Helm getragen, das hat ihm wohl das Leben gerettet. Als er wach wurde, glaubte er, er läge in seinem Bett und hätte verschlafen, nun würde er zu spät zu seiner Arbeit im Hotel »Ali Baba« kommen. Doch dann realisierte er, dass das Zimmer ganz weiß gestrichen war und seine Schwester an seinem Bett saß. »Sie lebt doch in Casablanca, über 4900 Kilometer entfernt, wie kann das sein?«, fragte sich Nizar. Seine Schwester Amal erzählte ihm, was passiert war, sie weinte vor Glück und Trauer zugleich, das spürte Nizar. »Nizar, ich muss dir noch etwas sagen.« Sie weinte heftiger, ihre Stimme wurde leiser: »Die beiden Frauen, die vor dem Bus die Straße überqueren wollten, sind tot, sie sind leider tot, mein Bruder.« Nizar antwortete nicht, die schlechte Nachricht hörte er, verstehen und glauben konnte er sie nicht.

Nizar schwieg den ganzen Tag, die ganze Nacht und hoffte immer noch, endlich aus diesem verdammten Traum aufzuwachen. Inzwischen hatte auch das medizinische Personal mitbekommen, dass Nizar aus dem Koma erwacht war. Nur wenige Minuten, nachdem ein schweigsamer und schwergewichtiger Arzt ihn kurz untersucht, mit einer schwachen Taschenlampe in seine Augen geleuchtet und mit einem kleinen Löffel aus Messing in seinen Rachen geschaut hatte, wurde er von Soldaten in ein Gebäude am Ende des Distrikts in die Untersuchungshaft überführt. Die beiden Frauen waren aus Deutschland gewesen, der Unfall war von hoher politischer Brisanz und noch nicht abschließend aufgeklärt, so sagten ihm die Soldaten. Daher musste er zunächst ins Gefängnis, bis das Gericht entschieden hatte.

Im Gefängnis hatte seine Zelle nur drei winzige Fenster. Nizar sprach mit allen nur englisch, und das, obwohl er Arabisch beherrschte. Er wollte aber nicht arabisch sprechen. Laufen war das Einzige, das ihn am Leben hielt, erzählt er mir. »Ich musste überall laufen: in der engen Zelle, im staubigen Hof, in der schmutzigen Dusche, sonst wäre ich verrückt geworden.« Insgesamt fünf Monate dauerte es, bis er freigesprochen wurde und zu Freunden in die Schweiz fahren konnte. Mit Hilfe der Medizin und der Unterstützung seiner Freunde versuchte er seine körperlichen und seelischen Verletzungen zu heilen. Er wollte einen Neuanfang, versuchte, das Hotelleben, das ihm manchmal so wenig authentisch, eher wie eine Zirkusvorstellung vorkam, hinter sich zu lassen, heiratete eine Schweizerin, lernte den Beruf des Lokführers. Nun ist er aber wieder in Agadir, er hat seine Arbeit wieder lieb gewonnen. Den Umgang mit so vielen Menschen, er tanzt, er singt, er spielt, er macht Akrobatik, und diese Arbeit gibt ihm Lebenskraft, das Hotel ist sein sicheres Zuhause. »Und was hat dir geholfen, diese Tragödie zu verarbeiten?«, fragte ich ihn. »Zeit und Raum, mein eigenes Herz wieder zu lieben«, so Nizar.

Ein Thema, das uns alle angeht – auch im Privaten

Erst vor wenigen Wochen traf ich auf einer wissenschaftlichen Tagung in Berlin einen Kollegen aus Casablanca in Marokko, er forscht auf dem Gebiet von Impfungen bei Kinderinfektionskrankheiten. Wir verstanden uns gleich von Anfang an, und recht bald erzählte er mir, dass er seinen jüngeren Bruder und dessen Frau bei dem grausamen Terroranschlag in Nizza am 14. Juli 2016 verloren hat. Ich fragte ihn, wer ihm die Nachricht übermittelt hatte. »Die Söhne konnten sich in letzter Sekunde vor dem Truck retten und riefen noch am Abend meine Tochter an. Sie sind seit früher Kindheit engste Freunde, fast wie Geschwister. Das hat uns sehr geholfen, dass wir es nicht von Dritten und Fremden erfahren haben«, sagte er mit bebender Stimme.

In diesem Buch geht es viel um Medizin, Ärzte, Krankenhaus, Therapien. Denn ich bin Arzt, und die meiste Erfahrung mit der Kunst der Übermittlung schwerer Nachrichten habe ich aus meinem beruflichen Umfeld. Aber ich bin auch Vater, Ehemann, Bruder, Sohn, Kollege, Freund. Ich kenne viele Menschen, ich mag Menschen und ihre Geschichten. Und deswegen erfahre ich auch von Geschichten, die außerhalb des klinischen Alltags stattfinden – und die auch in dieses Buch gehören. Denn es ist ein Buch über das Leben in seiner Vielfalt. Nicht nur über das Leben eines Arztes. Außerdem möchte ich gerne persönlich sein. Im Lauf der Kapitel werde ich öfter einfordern, dass man sich emotional öffnet, berührbar ist, wenn man schlechte Nachrichten zu überbringen hat. Dass Kommunikation auf Augenhöhe immer, immer, immer! gegenseitig sein muss, sonst ist sie eine Einbahnstraße. Deswegen möchte ich auch sehr persönliche Gedanken und eben auch private Geschichten mit Ihnen teilen.

Geschichten wie die folgende: Wir treffen Andreas und Özlem, unsere Freunde. Sie haben uns zum Abendessen nach Potsdam eingeladen. Andreas ist seit vielen Jahren Pilot, Özlem war Stewardess, unsere Kinder sind nahezu im selben Alter, sie spielen so gerne miteinander. Das Essen ist opulent, die Stimmung sehr ausgelassen, wir freuen uns über unser Wiedersehen, es muss schon mehr als drei Monate her sein, dass wir uns zum letzten Mal getroffen haben. Jedes Mal, wenn wir uns sehen, löchere ich Andreas mit Fragen zur Flugsicherheit. Irgendwie glaube ich, dass das meine ständige Flugangst beseitigt, ich will es glauben. Und darüber kamen wir irgendwie auf die Geschichte mit seinem Vater zu sprechen. Er war Sportlehrer und lebte sehr gesund, liebte Tennis und Golf, joggte mehrfach in der Woche.

2010 hatte Andreas einen Flug nach Dominica und anschließend die Möglichkeit, seinen Urlaub anzuhängen – eine wunderbare Gelegenheit, seine damalige Frau und seine Eltern mitzunehmen und endlich wieder ein paar entspannte Tage unter azurblauem Himmel, im weißen Sand und blaugrünen Meer zu verbringen. Auch Andreas ist sportlich, er liebt es, kilometerweit zu laufen, zu klettern.

Am ersten Urlaubstag fiel ihm das Laufen etwas schwerer als sonst, vielleicht lag es an dem Flug am Tag zuvor, der turbulent gewesen war. Nach etwa zwei Stunden kam er wieder im Bungalow an, wo ihn seine Mutter bereits erwartete. »Was ist los, Mutter?«, fragte er. Sie schwieg. »Mutter, was ist los?«, wiederholt Andreas seine Frage. »Andreas, dein Vater ist gestorben. Er lag tot im Bett, ich dachte, er schliefe einfach nur tief, er lag wohl schon länger so.«

Andreas macht eine kurze Pause. »Wahrscheinlich ein Herzinfarkt, alle seine Brüder hatten einen Herzinfarkt«, erzählt er dann. »Ich verstand das nicht, noch wenige Tage zuvor war er beim Arzt gewesen, der ihm Bestnoten für seine Gesundheit gegeben hatte. Und jetzt war er tot, wie konnte das nur sein?«

»Und wie ging es weiter?«, fragte ich. »Ich musste die Formalitäten erledigen und das, ohne ein Wort Spanisch zu können. Bares Geld ersetzte aber das eine oder andere Gesetz, sonst hätte es Wochen gedauert, meinen Vater nach Deutschland mitzunehmen. Zudem musste ich meinen Rückflug verschieben. Ich rief den Kapitän unserer Crew an und erzählte ihm, was passiert war. ›Mist, und wo soll ich jetzt einen Co-Piloten finden?‹, war seine Antwort. ›Ich kümmere mich schon darum‹, antwortete ich und legte auf, ehe ich mich aufregen konnte. Ich tauschte also mit einem Kollegen eines anderen Teams und schaffte es tatsächlich, alle notwendigen Dokumente zusammenzubekommen, sodass ich endlich mit meiner Mutter und meinem Vater die Rückreise antreten konnte.«

»Du hast den Platz mit deinem Kollegen getauscht, aber du bist doch sicher nicht als Co-Pilot geflogen, oder?«, fragte ich und erwartete ein einfaches Nein. »Doch!«, antwortete Andreas, »das hat mir sehr geholfen – ich konnte in meine Rolle als Co-Pilot schlüpfen und abtauchen, ich hätte es nicht ausgehalten, wortkarg einfach nur neben meiner weinenden Mutter im Flugzeug zu sitzen.«

»Und konntest du dich denn überhaupt auf deinen Flug, auf deine Arbeit konzentrieren?«, frage ich weiter. »Ich konnte nicht alle Gedanken verhindern, aber glaube mir, ich machte meinen Job, so wie ich es schon Tausende von Flugmeilen vorher getan hatte. Erst als ich zu Hause war und meine Uniform auszog, spürte und wusste ich, dass ich als Sohn meinen Vater verloren hatte. Jetzt rief ich meine Schwestern an, erzählte von unserem Unglück. Ich weinte die ganze Nacht und fand am allergrauesten Morgen dann doch die Kraft, die Beerdigung zu organisieren.«

»Routine kann manchmal helfen«, sage ich ihm und danke

ihm für seine Offenheit. »Ja, aber heute bereue ich, dass ich nicht die ganze Zeit bei meiner Mutter geblieben bin.« »Und, hast du deiner Mutter das schon einmal gesagt?«, frage ich. »Nein, vielleicht werde ich es aber tun, vielleicht ...« »Was hat deiner Mutter geholfen?«, traue ich mich, weiter zu fragen. »Die Familie und der Glaube. Sie spricht immer von dem Gedicht von Thornton Wilder, welches ich nicht wortgenau wiederholen kann, ich versuche es jetzt trotzdem: ›Da ist ein Land der Lebenden und ein Land der Toten, und die Brücke zwischen ihnen ist die Liebe – das einzig Bleibende, der einzige Sinn.‹«

Das gute Übermitteln der schlechten Nachricht

Wie zuvor schon erwähnt, kann das Überbringen einer schlechten Nachricht trainiert werden, so wie der Sportler seinen 400-Meter-Hindernislauf oder der Polizist die schnelle Erkennung von falschen Banknoten oder der Arzt die Notoperation bei einer Hirnblutung trainiert. Voraussetzung dafür ist jedoch wie bei jedem Lernprozess die Haltung und die Bereitschaft, dies auch lernen zu wollen. Daher bitte ich Sie, kurz innezuhalten und »ich will« zu flüstern. Mit kleinen Geschichten aus meiner praktischen Arbeit möchte ich versuchen, Sie in dieser Haltung zu unterstützen, und lade Sie gleichzeitig ein, Ihre eigenen Erfahrungen und Beobachtungen einfließen zu lassen.

Die Chefarztvisite

Jeder kennt sie, die Chefarztvisite: vom eigenen Krankenhausaufenthalt oder aus den unzähligen Arztserien. Die Chefarztvisite ist an sich kein guter Zeitpunkt, um schlechte Nachrichten zu übermitteln, in der Regel erinnert die Visite eher an eine kleine Demonstration, ohne dass man jedoch das

Motto, unter dem sie steht, auf Anhieb begreift. Der oft eher bedrohlich wirkende Pulk von weißen Kitteln der Assistenz- und Oberärzte, die vielen Schwestern, die sich dem Chefarzt anschließen, und der spürbare Zeitdruck sind keine idealen Rahmenbedingungen, um komplexe Themen ausführlich zu diskutieren. Zumal die Assistenten sich im Allgemeinen eher darauf konzentrieren, dem Chefarzt alle Details zur Krankheitsgeschichte der jeweiligen Patienten fehler- und lückenfrei zu präsentieren.

Ich selbst lasse mir *vor* der Tür des Krankenzimmers alle Befunde der Patienten berichten. Auch die Tatsache, dass die meisten Visiten liegenden bzw. sitzenden Patienten begegnen, ist einem Gespräch auf Augenhöhe nicht dienlich. Daher versuchen einige Ärzte, sich trotz des Zeitdrucks ans Bett der Patienten zu setzen, um dann erst das Gespräch zu beginnen. Andere laden ihre Patienten in ein separates Zimmer ein, um die Intimität des Gesprächs auch vor den Bettnachbarn zu wahren. Ich finde es dagegen wichtig, die Patienten in ihrem Zimmer zu besuchen, da mir ihr unmittelbares Umfeld sehr viele und hilfreiche Informationen liefert. Da liegt zum Beispiel auf dem Nachttisch das Lieblingsbuch der Patientin, daneben ihre Tageszeitung und die Bilder ihrer Angehörigen. Interessant auch die Mitbringsel ihrer Verwandten und Freunde: Blumen, Getränke, Bilder, die Enkel für die Oma gemalt haben, und die persönlichen Glücksbringer. Das alles ermöglicht mir wichtige Einblicke in die Situation der Patienten. Bei der wöchentlichen Chefarztvisite versuche ich zum einen, echte medizinische Probleme zu identifizieren und mit meinen Mitarbeiterinnen und Mitarbeitern die geeigneten diagnostischen und therapeutischen Schritte zu diskutieren. Zum anderen versuche ich den Patienten das Gefühl zu geben, dass unser Team sich um sie kümmert, die Individualität eines jeden Kranken respektiert und auch die Persönlichkeit hinter der Krankheitsdiagnose sieht. Es geht hierbei mehr um Haltung als um tiefgreifende Worte, und meiner Meinung nach darf bei einer Chefarztvisite mit den Patienten gelacht und auch über Nichtmedizinisches philosophiert werden.

Der Spaziergang

Frau Holler kommt in die Sprechstunde, sie atmet etwas schwer und braucht etwas länger als sonst, um den Platz in meinem Büro zu erreichen. Wir kennen uns schon seit einigen Jahren, die Therapiepausen zwischen den Krebstherapien werden wegen des Fortschreitens ihrer Krebserkrankung kürzer und kürzer. Sie setzt sich, angestrengt von den letzten Schritten, auf den schwarzen Stuhl. Die Tumorzeichen in der Computertomografie zeigen, dass der Krebs trotz der neuen Chemotherapie weiter wächst. Erst vor zwei Tagen musste sie in die Notaufnahme, da sie zunehmend Bauchschmerzen hatte. Der Darm funktionierte aufgrund verschiedener Engen durch Bauchfellknoten nicht mehr normal. Die Darmschlingen sind wegen der Engen und der vermehrten Gasbildung so stark erweitert, dass man sie durch die harte Bauchdecke tasten kann. Mit Infusionen konnte ihr aber geholfen werden. Sie wollte nicht im Krankenhaus bleiben und ging wieder nach Hause, kam aber in die Sprechstunde, weil es ihr wichtig war, mit mir gleich die weiteren Schritte zu besprechen.

»Wir kennen uns jetzt schon seit vier Jahren, Herr Professor, das verstehen Sie doch, oder?«, sagt sie zu mir und lächelt dabei. Das Lächeln fällt ihr nie schwer. Ich taste ihren Bauch ab, der heute deutlich weicher als in den letzten Tagen ist. Wir beschließen gemeinsam, dass es aber doch besser sei, wenn sie ins Krankenhaus geht und verschiedene Untersuchungen veranlasst werden: Wegen der erschwerten Atmung sollte das Wasser aus dem Lungenspalt abpunktiert werden, und eine Magen-Darm-Passage sollte die Lage und die Ausprägung der Darmengen beschreiben.

Wir mögen uns sehr. Zum Abschuss schenkt Frau Holler mir immer ein weiches »Obrigada«, was auf Portugiesisch »Danke« bedeutet. Sie kann eigentlich gar nicht Portugiesisch, auch nicht Spanisch, sieht irgendwie auch nicht südamerikanisch aus, nur ihre Hautfarbe ist etwas dunkler als die der meisten Europäer. Ich erinnere mich noch daran, dass ich sie bei unserem dritten Termin fragte, woher sie das weiche »Obrigada« kenne.

»Weil mein Vater Brasilianer ist«, antwortete sie zu meiner Überraschung.

»Ihr Vater ist Brasilianer?«, fragte ich ungläubig.

»Ja, so ist es«, sagte sie, »er ist eine berühmte Persönlichkeit, und ich bin sein uneheliches Kind. Wir haben Briefkontakt, aber ich habe ihn seit über fünfzig Jahren nicht gesehen. Er kann mich wegen seiner Stellung leider nicht besuchen und mich auch dort nicht empfangen, aber wir haben ja Kontakt, darüber freue ich mich sehr«, antwortete sie.

»Wie geht es Ihrem Vater gerade?«, fragte ich sie.

»Das weiß ich nicht, seit Wochen kann ich ihn telefonisch nicht erreichen. Immer wenn ich anrufe, geht eine Person dran, die ich nicht kenne und nicht verstehe.«

»Wenn Sie wollen, frage ich eine Mitarbeiterin, ob sie anrufen und sich nach Ihrem Vater erkundigen kann«, schlug ich vor. Sie lächelte wieder so schön und nickte freundlich.

Meine Sekretärin klopfte leise an der Tür, um mir zu sagen, dass eine junge Assistentin wie verabredet da sei, die mich zur Neuaufnahme einer anderen Patientin begleiten und mir alle wichtigen medizinischen Informationen zu dieser Patientin geben wollte. Ich bat die junge Assistentin herein und fragte sie, ob sie sich kurz zu uns setzen könne. Sie schaute etwas verunsichert, folgte aber meiner Bitte.

»Frau Holler, was war die schlimmste Nachricht, die Sie je in ihrem Leben erhalten haben?«, fragte ich.

»Die Krebsdiagnose«, antwortete sie schnell.

»Die Erstdiagnose oder das Rezidiv, als der Krebs nach der Operation und der Chemotherapie wiederkam?«

»Die Erstdiagnose!«, antwortete sie wieder, ohne zu überlegen.

»Wie hat sich die Ärztin verhalten, als sie Ihnen die Diagnose übermittelte?«, fragte ich weiter.

»Das war sehr schlimm, ich erinnere mich genau, als wäre es erst gestern gewesen. Sie sagte mir, dass mein Bauch voller Krebsknoten sei. Als sie den Ultraschall machte, sagte sie immer nur: ›Da ist auch Krebs, und hier auch, und da auch, und da auch noch‹, und sie schüttelte dabei immer den Kopf. Ihre großen Ohrringe klapperten. Ich sah nur die unheimlichen Schwarz-Weiß-Bilder des Monitors und dachte mir: ›Der Krebs stiehlt mir das ganze Weiß in meinem Inneren, er stiehlt mir das Licht in meinem Leben.‹

»Welches Gefühl ist von diesem Gespräch bis heute bei Ihnen geblieben?«

»Völlige Hilflosigkeit bei mir und bei der Ärztin, es gab keinen Plan, keine Idee, wie es weitergehen sollte oder könnte. Sie sagte mir nur, ich müsste schnellstens in eine Klinik, mehr nicht – keine Adresse, keine Empfehlung, einfach gar nichts.«

»Was haben Sie dann gemacht?«

Ich bin zu meinem Büro gefahren, habe die letzten Rentenanträge unserer Versicherungsnehmer abgeschlossen und mich von meinen Kolleginnen und Kollegen verabschiedet. Meine Chefin konnte ich nicht erreichen und habe ihr deshalb eine Nachricht hinterlassen. Ich dachte, ich würde nie wieder zurückkehren.«

»Als Sie die Praxis der Ärztin verlassen hatten, sind Sie direkt zur Arbeit gefahren und nicht zu einer Freundin oder erst einmal an einen Ort, an dem Sie alleine sein konnten?«, hakte ich verwundert nach.

»Nein, ich rief meine Freundin an, aber es war für mich klar, dass ich erst zur Arbeit musste. Ich hatte mich doch nur für zwei Stunden abgemeldet und ich musste die Anträge bearbeiten.«

»Und dann?«

»Dann kam meine Freundin und wir machten einen wunderschönen Spaziergang an der Spree. Es war herrlich, ein Maitag wie aus dem Bilderbuch, ich erinnere mich genau. Wir sind zusammen gelaufen, es fielen gar nicht so viele Worte, miteinander laufen verbindet aber. Es war so schön, noch nie habe ich so schöne Vögel dort gesehen. Sogar einen Stieglitz mit roter Gesichtsmaske, weißem Kopf und elfenbeinfarbenem Schnabel.

Er liebt Disteln und gilt als Symbol für den Opfertod Christi.«

»Und was hat Ihnen am meisten geholfen, die schlimme Nachricht von der Diagnose einer fortgeschrittenen Krebserkrankung zu verarbeiten?«, wollte ich wissen.

»Meine Freundin, und ich war ihr so dankbar. Sie hörte mir einfach zu und kam sofort. Und das, obwohl wir uns wegen Nichtigkeiten vor einigen Wochen sehr gestritten und bis zu diesem Tag keinen Kontakt mehr gehabt hatten. Sie hörte mir zu und gab mir das Gefühl, dass ich wichtig bin und unsere Freundschaft noch stärker ist, als wir beide ahnten. Ohne sie hätte ich den Termin in der Klinik vielleicht nicht wahrgenommen. Sie hat mich begleitet, und Tag für Tag wurde die Situation für mich erträglicher und hoffnungsvoller.«

Als Frau Holler mein Büro an diesem Tag verließ, blieb sie kurz stehen und schenkte mir ihr weiches »Obrigada«. Ich antwortete mit »Obrigado«.

Die gute Vorbereitung eines existenziellen Gesprächs

Das Gespräch zwischen Patient und Arzt ist so wichtig, nur damit kann man Ängsten begegnen. Es ist wahrscheinlich das wichtigste Medikament des Arztes, das er zu geben hat. Eine Patientin formulierte es so: »Nur das Gespräch mit meiner Ärztin, die Gespräche mit meinen Angehörigen haben mir geholfen. Ohne Gespräche wurde das Monster Krebs immer größer, von Tag zu Tag, mit den Gesprächen wurde das Monster immer kleiner, Tag für Tag.«

Aber worin besteht sie nun, die Kunst des schwierigen Gesprächs? Der Patient sollte frühzeitig erfahren, dass das Aufklärungsgespräch mit dem Arzt oder der Ärztin so bald wie möglich, nach Eingang der wichtigen Befunde, stattfinden wird. Und es sollte auch möglichst präzise angekündigt werden, damit noch Zeit ist, Angehörige zu verständigen und sich selbst Fragen zu notieren. So entfällt auch der Druck, den Arzt auf dem Flur abfangen zu wollen oder eine Andeutung aus dem Krankenpfleger herauszubekommen. Ganz konkret gesagt: Kündigen Sie so ein Gespräch und den möglichen Inhalt an, etwa mit einer Formulierung wie: »Ich möchte mit Ihnen heute Nachmittag gegen … Uhr in Ruhe die Ergebnisse der Untersuchungen besprechen.« Setzen Sie am besten zwei Termine an, Entscheidungen sollten nicht im gleichen Gespräch »erzwungen« werden. Das nimmt den Druck – für alle Beteiligten. In der Klinik empfiehlt es sich, die Termine nicht auf den späten Abend oder auf den Freitagnachmittag zu legen. In der Praxis hingegen sind Randtermine der Sprechzeiten meistens eher von Vorteil, weil man dann mehr Ruhe hat. Investieren Sie Zeit in die Vorbereitung: Alle Befunde da? Vorgeschichte bekannt? Informiere ich mich über den richtigen Patienten? Stimmt die Diagnose? Verwechslungen sind menschlich, kommen vor – und können für die Psyche des Patienten eine große Belastungsprobe sein. Habe ich den Gesprächsleitfaden im Kopf, weiß ich, wie ich ins Gespräch einsteige? Dann noch, unmittelbar vor dem Gespräch: Innehalten, »Zäsur«, tief durchatmen.

Die Erfahrung aus speziellen Workshops und dem klinischen Alltag zeigen: Gute Kommunikation ist erlernbar und erhöht auch die Zufriedenheit des Arztes mit seiner Arbeit.

Patienten fühlen sich respektiert, ihre Compliance steigt. Unter Compliance versteht man dabei das kooperative Verhalten von Patienten im Rahmen einer empfohlenen medizinischen Maßnahme. Unter einer guten Compliance versteht man im Allgemeinen das Befolgen der ärztlichen Empfehlung. Schwierige Gespräche gehören zu den größten Herausforderungen in der Arzt-Patient-(Angehörigen-)Beziehung. Das Überbringen schlechter Nachrichten ist dabei eine der häufigsten ärztlichen Tätigkeiten. In meiner täglichen Arbeit betrifft das Thema »schlechte Nachrichten« insbesondere Frauen mit schweren Krebserkrankungen und deren Angehörige, aber auch die Themen »unerfüllter Kinderwunsch« und »Fehlgeburten« sind sehr schwierige Situationen für alle Beteiligten. Immer dann, wenn es um das Unheilbare oder das geht, was nicht mehr möglich ist, hat das Gespräch eine besondere Dimension und stellt eine große Herausforderung dar.

Die meisten Patienten erwarten eine offene und ehrliche Kommunikation, die ihnen eine realistische Hoffnung lässt. Und auch wir Ärzte, jedenfalls die meisten von uns, würden gerne über unsere Erkrankung ehrlich Bescheid wissen, wenn wir uns vorstellen, uns selbst in so einer Patientensituation zu befinden.

Das für Patient und Arzt letztlich befriedigende Ergebnis eines »schwierigen Gesprächs« hängt von vielen, aber oft leicht zu beeinflussenden Faktoren ab. Das meiste davon kann man durch ausreichende Vorbereitung in eine gute Richtung bringen. Außerdem geht es um das Erkennen von Patientenbedürfnissen, aktives Zuhören, richtige Fragen stellen, Mut zur Pause, Sicherung von Verstehen der Zusammenhänge und Befunde, keine Angst vor Emotionen und Verständnis für den Prozesscharakter des Gesprächs.

Mit das Wichtigste: Nehmen Sie sich Zeit, sich den Beginn eines Gesprächs, das Gespräch selbst und das, was danach folgt, zu vergegenwärtigen. Ärzte sollten das Aufnahmegespräch als Grundlage nutzen, um Vertrauen aufzubauen. Hierbei ist insbesondere auf den ersten Kontakt Wert zu legen, dieser gilt als die sensibelste Phase des Gesprächs. In der umfassenden Anamnese werden Daten erhoben, die auch die Berufs-, Partnerschafts-, Familien- und allgemeine Lebenssituation der Patienten einbeziehen. Die Anamnese ist die wichtigste diagnostische Maßnahme überhaupt, sie liefert nicht nur die medizinischen und sozialen Fakten, sondern gibt wichtige Hinweise zur Psyche, Stimmung und Gemütslage des Menschen. Wenn man im Erstgespräch beispielsweise erfährt, dass die Patientin ein schwieriges Verhältnis zu ihrem Ehemann hat, wird man besser verstehen, warum sie ihn nicht bei der Konsultation dabei haben wollte. Gibt es einen kranken und/oder pflegebedürftigen Partner, pflegebedürftige Eltern, gibt es (kleine) Kinder, wer und was alles ist von einem möglichen ungünstigen Befund und der empfohlenen Behandlung (mit) betroffen?

Erst seit wenigen Jahren beschäftigen sich verschiedene Wissenschaftler, Ärzte und Psychologen mit der Übermittlung von schlechten Nachrichten und haben erste Lehrschriften zu diesem Thema verfasst. Besonders häufig werden die sogenannten SPIKES von Walter Baile, einem Arzt und Psychologen am MD Anderson Krebszentrum der Universität Texas, zitiert. Er ist Professor für Verhaltensforschung und Psychiatrie sowie Direktor des I*Care Programms an dem genannten Krebszentrum, einem der größten der Welt. Das Kommunikationsmodell ist nach seinen Erfahrungen und seinen verschiedenen wissenschaftlichen Untersuchungen entwickelt worden.

Er unterscheidet folgende sechs Schritte:

1. **S** Setting up the Interview
2. **P** Assessing Patient's Perception
3. **I** Obtaining the Patient's Invitation
4. **K** Giving Knowledge and Information
5. **E** Addressing the Patient's Emotions
6. **S** Providing Strategy and Summary

Diese Systematik von Baile habe ich verinnerlicht für meine tägliche Arbeit, und sie wird auch in meinen folgenden Überlegungen für die Vorbereitung und Durchführung guter Gespräche eine große Rolle spielen. Man muss sich nicht sklavisch daran halten, auch ich gehe da meinen eigenen Weg, der sich auch immer mal wieder verändern kann. Aber die **SPIKES**-Schritte können doch als gute und vor allem leicht zu merkende Richtschnur dienen. Zunächst aber noch einen Schritt zurück: Wir sollten nie nur unsere eigenen Überlegungen im Kopf haben, sondern uns immer wieder auch die Perspektive der anderen – in dem Fall der Patienten und ihrer Angehörigen – in Erinnerung rufen.

Was erwartet ein Patient von einem guten Arzt?

Patienten haben viele Erwartungen an den Arzt. Für sie sind neben der fachlichen Kompetenz vor allem drei Eigenschaften wichtig, die ein Arzt haben sollte: Offenheit, Geduld und die Fähigkeit, Menschen zu ermutigen. »Ich brauche Ideen zur Krankheitsbewältigung und nicht zum Schwelgen in der Krankheit«, so fasste es eine Patientin zusammen, nachdem ich ihr das Fortschreiten ihrer Krebserkrankung nach der dritten Chemotherapie erklärt hatte. Wenn Sie in der Überschrift das Wort »Patient« einfach durch »Mensch« ersetzen, wird vieles klarer. Man erwartet Wertschätzung und Hilfe, nicht nur die Diagnose oder eine Operation. Geben Sie dem Menschen, dem Sie die schlechte Nachricht überbringen müssen, das Gefühl, dass er sich mit Ihnen in einem geschützten Raum befindet, dass hier die Artikulation von persönlichen Gedanken und Emotionen möglich ist.

Dafür braucht es die gute Vorbereitung – das »Setting up« bzw. das erste »S« in Walter Bailes **SPIKES**-Abfolge. Wie schon erwähnt, ist damit das Erfassen der Umstände gemeint. Solche für das schwierige Gespräch wichtigen Informationen liefert das nahe Umfeld des Patienten, man kann sie aber auch selbst ermitteln. Der Arzt sollte hierzu auch die Krankenschwestern und Arzthelferinnen befragen, da diese häufig sehr viel näheren Kontakt zu den Patienten haben. Im Gegensatz zum behandelnden Arzt im Krankenhaus kennen sie die Patienten meist auch außerhalb der Arzt-Patienten-Begegnungen während der »kurzen« Konsultationen und haben somit meist Kenntnis von hilfreichen Details aus deren Leben. Zielführend kann dabei sein, folgende Fragen zu beantworten: Was hilft dem Patienten, was hat ihm bisher in seinem Leben bei der Bewältigung schwieriger Lebenssituationen und Krisenzeiten geholfen, welche Menschen waren in dieser Zeit für ihn wichtig? Zudem wird so deutlich, welche möglichen Auswirkungen die schlechte Nachricht und ihre Folgen auf die Partnerschaft und andere soziale Beziehungen haben kann.

Die soziale Dimension, der Kontakt mit anderen Menschen, ist bekanntermaßen ein wichtiger Baustein in der Definition der sogenannten multidimensionalen Gesundheit, wie sie die WHO bereits 1947 formuliert hat: »Ein Zustand völligen Wohlbefindens im physischen, mentalen und sozialen Bereich.« Dieser Aspekt wird noch zu häufig ausgeklammert, obwohl das gerade auch beim Überbringen von schlechten Nachrichten wichtig ist. Er zeigt die verschiedenen Dimensionen von Gesundheit und Krankheit und unterstreicht, dass diese Ressourcen für das »große Ganze«, die Gesamteinschätzung, außerordentlich wichtig sind, dass man auch bei der Bewältigung von Krisen stets die verschiedenen Ebenen beachten und nutzen sollte. Dem sozialen Umfeld kommt hierbei eine ganz besondere Bedeutung zu, die (zu) häufig im Alltag nicht in entsprechender Weise beachtet wird.

Eine aktuelle Studie hat etwa gezeigt, dass Krebspatienten, die in Partnerschaft leben, eine deutlich bessere Prognose als Krebspatienten ohne feste menschliche Beziehungen haben. Dieser Effekt ist bei Männern im Vergleich zu Frauen sogar noch stärker ausgeprägt. Der Radioonkologe Ayal Aizer des Brigham and Women's Hospital in Boston hat hierzu die Daten von über 700 000 Patienten aus dem amerikanischen Krebsregister ausgewertet. Die Patienten litten an den häufigsten Krebserkrankungen wie Lungen-, Darm- und Brustkrebs. Bei den verheirateten Krebspatienten war zu beobachten, dass die Krankheit seltener in einem fortgeschrittenen Stadium war als bei den allein lebenden Patienten.

Der Faktor Zeit bzw. die konkrete Festlegung eines Gesprächstermins ist ein weiterer ungemein wichtiger Punkt. Die Patienten sollten grundsätzlich frühzeitig wissen, dass das Gespräch mit der schlechten bzw. wichtigen Botschaft so bald wie möglich stattfinden wird, und zwar nach Eingang aller wesentlichen Befunde. Ich beobachte immer wieder, dass Ärzte vorgeben, noch keinen Gesprächstermin machen zu können, weil noch nicht alle Befunde vorliegen, obwohl das der Fall ist. Der Grund ist oft, dass sie mit dem Oberarzt bzw. in der Tumorkonferenz noch keine Behandlungsstrategie festgelegt haben. Eine Tumorkonferenz ist eine in der Regel wöchentlich stattfindende Besprechung der verschiedenen Fachexperten aus der Krebsmedizin, Strahlentherapie und Pathologie, in der alle medizinischen Befunde ausgewertet werden und ein Behandlungsplan aufgestellt wird. Für das Gespräch zur Übermittlung schlechter Nachrichten muss aber eine Therapieentscheidung nicht zwingend vorliegen. Wichtiger als der unmittelbare Therapieplan ist hier *die Mitteilung* über die angekündigten Befunde. Dies gilt für gute wie für schlechte Nachrichten. Dennoch ist es sicher besser, wenn Behandlungsoptionen als eine Art Rettungsanker mit in das Gespräch genommen werden können. Dennoch soll an dieser Stelle daran erinnert werden, dass die Aufnahmefähigkeit der Patienten nach der Übermittlung einer schlechten Nachricht ohnehin erheblich limitiert ist. Ab dem Moment einer schlechten Diagnose oder Prognose geht es mehr um eine Orientierung als um die Besprechung detaillierter Fakten wie Dosierung und spezifische Nebenwirkungen der Therapieoptionen. Die Patientin, der Patient, wird erwiesenermaßen kaum etwas mitnehmen. Es braucht Zeit oder ein nächstes Gespräch, ehe sinnvoll über Therapieoptionen gesprochen und gemeinsam entschieden werden kann.

Ein Aufteilen der Gespräche in eines ohne und eines mit Behandlungsplan kann unangenehmen Druck herausnehmen, und zwar für alle Beteiligten: für den Patienten, seine

Angehörigen, aber auch für den Arzt und die Krankenschwester, die meist leider nicht direkt bei den Arzt-Patienten-Gesprächen präsent und eingebunden, aber häufig direkte Bezugsperson der Patienten sind. Und die deshalb häufig Fragen zu Behandlungsstrategien aus dem Weg gehen müssen. Viele Ärzte scheinen zu glauben, dass es besser sei, der Patientin »alles« zu sagen, vielleicht aus der Unsicherheit heraus, etwas zu vergessen, selbst wenn es nur ein winziges Detail ist. Sie verwechseln Verkündung, Information und Aufklärung. An sich geht es nur um die Botschaft, die den nächsten praktischen Schritt ermöglicht, nicht mehr. Aber auch nicht weniger.

Mehr als 80 Prozent der Patienten wünschen sich, dass eine von ihnen selbst bestimmte Bezugsperson bei diesem Gespräch anwesend ist. Mehr als 80 Prozent der Patienten sind jedoch bei der Auswertung der Befunde und der Übermittlung der Diagnose Krebs allein. Daher bietet es sich an, die Patienten zuvor zu fragen, ob sie eine Begleitung beim Gespräch wünschen. Ist dies nicht der Fall, so ist dies natürlich ebenso zu respektieren. Nicht vergessen sollte man zudem, dass es bei der Übermittlung von schlechten Nachrichten grundsätzlich immer zu einem Rollenwechsel kommt, denn der Empfänger der schlechten Nachricht wird anschließend schnell selbst zum Überbringer derselben. Nämlich dann, wenn er sie seinem Partner, seinen Kindern, seinen Freunden vermitteln muss. Es ist häufig wie bei einem Staffellauf, wobei die schlechte Nachricht von einem zum anderen weitergereicht wird.

Bevor die ersten Worte des Übermittlers der schlechten Nachricht an das Gegenüber gerichtet werden, ist es wichtig, die aktuelle Wahrnehmung des Betroffenen abzuklären und

ihn damit inhaltlich und emotional auf die Situation vorzubereiten. Das ist das »P« in Bailes Vorschlag der Gesprächs-
führung, es steht für »Assessing Patient's Perception« oder
auf Deutsch gesagt: Wo steht der Patient aus seiner Sicht, und
wie ist sein emotionales und psychologisches Bewusstsein
zur Krankheitssituation? Hierzu ist es hilfreich, den aktuellen
Wissensstand, die momentane Gemütslage und die Erwartungshaltung des anderen zu erspüren. Dieses »Abtasten«
sollte aber nicht zu lange dauern, da der Patient in der Regel
bereits eine Ahnung hat, dass er eine schlechte bzw. wichtige
Nachricht erhalten wird. Man sollte die Patienten nicht unterschätzen.

Ich habe häufig solche Gespräche beobachtet und hatte
dabei das Gefühl, dass der Arzt aus Unsicherheit oder über-
mäßiger Vorsicht teils bewusst, teils unbewusst versucht, das
Tempo des Gesprächs zu drosseln, also sowohl die Sprech-
geschwindigkeit als auch den Informationsgehalt. Der Patient dagegen ist jedoch häufig »hungrig« nach der Wahrheit.
Die richtige Sprache – buchstäblich auch: die richtige Aus-
sprache – ist das Kernelement des Arzt-Patienten-Gesprächs.
Daher sollte man auch genau darauf achten, wie man etwas
formuliert. Das Vokabular des Arztes klingt für Patienten und
Angehörige oft wie Geheimcodes von Agenten und kann be-
ängstigend wirken. Darauf ist zu achten, Fremdwörter sind in
solchen Gesprächen möglichst zu vermeiden, da Erklärungen das Gespräch unnötig verlängern und dies auf Kosten der
Aufmerksamkeit für das Wesentliche geht. Leider gibt es aber
auch grundsätzliche Missverständnisse in der wörtlichen In-
terpretation von medizinischen Befunden. Etwa der »positive Befund«. Für Patienten klingt das eher nach Genesung,
Ärzte verstehen unter positiven Befunden hingegen oft Re-

sultate, die eine Krankheit bestätigen. So ist ein Test auf eine schwere Infektionskrankheit in der Medizin »positiv«, wenn der Erreger oder Antikörper im Blut des Patienten nachzuweisen ist. Also eigentlich alles andere als eine gute Nachricht. Ärzte und Studenten sollten in Übungen einfach einmal versuchen, negative Nachrichten als negativ und positive medizinische Befunde als positiv zu benennen.

Überhaupt braucht man viel Feingefühl, um herauszubekommen, wie viel ein Patient tatsächlich weiß. Das Gespräch sollte natürlich in keinem Fall den Charakter eines Verhörs haben. Im Austausch mit Kolleginnen und Kollegen wird immer wieder thematisiert, dass einige Patienten, die seit längerer Zeit erkrankt sind und unzählige Gespräche zu ihrem Krankheitsverlauf geführt haben, verkünden: »Ich weiß leider gar nichts, mit mir hat bisher kein Arzt gesprochen.« Einige Ärzte reagieren dann gekränkt oder wütend, besonders wenn sie selbst in eines der Gespräche eingebunden waren. Aus ihrer Sicht haben sie sich schon so viel Zeit genommen. Zeit, die sie oft eigentlich gar nicht haben oder die anderen Patienten abgeht. Wichtig ist aber, diesen momentan geäußerten Eindruck des Patienten nicht persönlich zu nehmen. Stattdessen sollte man einfach akzeptieren, dass der Patient etwas mehr Gesprächsbedarf hat und dass dies alles für ihn nicht so einfach zu verstehen ist. Wie sollte es auch: Die schlechte Nachricht ist in sein Leben hineingebrochen und hat all seine Lebenspläne durcheinandergebracht. In solchen Situationen soll an den Leitsatz erinnert werden: »Es kommt nicht darauf an, was ausgesprochen wurde, es kommt darauf an, was beim Patienten ankam.« Die subjektive Wahrnehmung des Patienten ist also ausschlaggebend für jeden Menschen, der einem anderen Menschen eine schlechte Nachricht überbringen muss. Auf der anderen Seite kann artikuliertes Nichtwissen auch einen Hilferuf des Patienten darstellen, mehr Bindung und Beachtung zu erhalten. Oder es kann auch Teil der unbewussten Verdrängung, also der Abwehr im Rahmen der Krankheitsbewältigung sein.

Der Arzt sollte sich auf das Gespräch vorbereiten, indem er wie ein professioneller Skirennfahrer die Abfahrt vor dem Rennen in Gedanken durchläuft. Dabei ist es besonders wichtig, auf den Anfang und das Ende zu achten, auch zu versuchen, das Gute im Schlechten zu entdecken. Häufig kommt der Arzt aus einer anderen »Welt«: dem Operationssaal oder einem Gespräch mit einem anderen Patienten. Wie in der Geschichte am Anfang des Buchs mit Susanne Sieckler und Dr. Fernandez-Meier. Das kommt nicht nur vor, es ist Alltag in deutschen Krankenhäusern und Praxen. Um sich auf das Bevorstehende vorzubereiten, kann es helfen, innezuhalten und/oder ein kleines Ritual zu vollziehen, um ganz im Gespräch anwesend sein zu können. Ich kenne beispielsweise Kolleginnen und Kollegen, die sich wie vor einer Operation ihre Hände waschen, um die vorherigen Themen abzuwaschen und sich so auf das bevorstehende Gespräch vorzubereiten. Eine Kollegin erzählte mir, dass sie zehn Mal tief Luft holt. Wieder ein anderer zündet sich eine Zigarette an und zieht sich damit für einige Minuten zurück. Eine andere Kollegin berichtete mir, dass sie als Ritual aus dem Fenster schaut und das normale Treiben auf der Straße beobachtet, um sich zu erden und sich damit aber auch zu signalisieren, dass die Erde sich auch nach dem Gespräch weiterdrehen wird.

Nicht zu viele Gedanken sollte man in die Sitzordnung investieren. Nur insofern, als es um Störungen durch Lärm oder Geräusche oder nicht eingeweihte Menschen im Umfeld geht.

Idealerweise steht in der Klinik ein gesonderter Besprechungsraum für diese Art von Gesprächen zur Verfügung. Denn die meisten Patienten sind in Mehrbettzimmern untergebracht, und hier ein Gespräch von solcher Tragweite zu führen, wäre der Situation nicht angemessen. Findet das Gespräch in der Arztpraxis statt, reicht das Sprechzimmer aus. Ein spezieller Besprechungsraum ist aber keine Grundvoraussetzung, jeder Raum kann mit entsprechender innerer Vorbereitung zu einem geeigneten Raum gemacht werden. Ratgeber zur guten Gesprächsanordnung empfehlen gerne, eine Sitzordnung zu vermeiden, bei der der Arzt dem Patienten direkt gegenübersitzt, denn diese könnte den Eindruck einer Konfrontation erzeugen. Stattdessen könne man sich übereck an den Tisch setzen, um sich leichter dem Patienten zuwenden zu können und keine Mauer oder Abgrenzung zu signalisieren. So müsse man sich auch nicht permanent in die Augen schauen, könne dies aber tun. Übereck zu sitzen verströme auch leichter das Gefühl von Verbindlichkeit. Die Stühle sollten sowohl in der Form als auch in der Sitzhöhe nicht unterschiedlich sein, um ein Gespräch auf Augenhöhe zu ermöglichen.

Seit Jahren höre ich diese Empfehlungen immer wieder bei Seminaren und Vorträgen vor großen Auditorien. Ich habe mich anfangs sehr genau daran gehalten, bis ich mich traute, nach und nach manche der einstudierten Elemente zu verändern oder einfach wegzulassen. Ich habe inzwischen große Zweifel an derartigen Empfehlungen, da es meiner Meinung nach in einem solchen Gespräch nicht um die Sitzordnung oder die Frage der passenden Möbel geht, sondern vielmehr darum, dass sich die Gesprächspartner wohlfühlen. Eine »alte Sitzordnung«, also zum Beispiel der Patient auf der einen und der Arzt auf der anderen Seite des Schreibtischs im

Behandlungszimmer, kann dem Patienten durchaus Sicherheit vermitteln. Ich erinnere mich an eine Patientin, die ich als junger Arzt zum Gespräch über die ungünstigen prognostischen Befunde ihrer feingeweblichen Untersuchung in ein separates Zimmer einlud, da die Nachbarin im Krankenzimmer gerade Besuch ihrer Großfamilie hatte. Das Zimmer war leer, das Weiß dominierte den Raum, der als Abstellkammer für die Infusionsständer verwendet wurde. Als ich die Tür öffnete, sagte die mir seit längerer Zeit vertraute Patientin: »Herr Doktor, was ist los? Das Ergebnis muss sehr schlecht sein, oder?« Als ob sie mich beim Äpfelstehlen erwischt hätte, fragte ich: »Wie kommen Sie darauf?« »Weil Sie mich vorher noch nie aus dem Zimmer gerufen haben«, antwortete sie. Hätte ich mir vorher die oben skizzierten Vorbereitungsgedanken gemacht, hätte ich ihr das schlechte Gefühl ersparen und den Einstieg ins Gespräch erleichtern können.

Immer wieder fragen mich Ärzte auch, ob sie den Patienten nach der Übermittlung der schlechten Nachricht berühren sollen. Das kann nicht mit einem einfachen Ja oder Nein beantwortet werden, da es von verschiedenen Faktoren und der individuellen Situation abhängt. Insbesondere sollte sich der Überbringer der schlechten Nachricht die Frage stellen, ob er das überhaupt will und ob er vorher bereits Körperkontakt mit dem Patienten hatte, er ihn beispielsweise schon bei einer seiner letzten Begegnungen in den Arm genommen hat, und wie der Patient darauf reagiert hat. Falls der Patient die körperliche Berührung ablehnt, sollte dies respektiert werden und der Arzt sich nicht gekränkt fühlen. Ein Kompromiss könnten auf den Tisch platzierte Papiertaschentücher sein, die dem Patienten bei Bedarf angeboten werden können, was viele als empathische oder sogar körperliche Geste wahrnehmen. Wie bei allem, was mit dem existenziellen Gespräch zu tun hat, gilt: Das eigene Wissen und die eigene Erfahrung ist wichtig. Sie ersetzen aber nicht das Sichhineinversetzen in das Gegenüber. Das kostet Zeit, zahlt sich aber aus. Und es gilt für beide Seiten – denn auch wenn sich etwa Patienten in den Arzt hineinversetzen, wird das Gespräch und die Beziehung zwischen beiden in der Regel besser.

Versuchen Sie bei sich ein Gefühl dafür zu entwickeln, ob der Mensch, dem Sie die schlechte Nachricht überbringen wollen, bereit ist, diese auch entgegenzunehmen. Versuchen Sie ein Gefühl dafür zu entwickeln, wieviel Vorlauf Sie brauchen, um diese Nachricht in ihrer Kernbotschaft überbringen zu können. Seien Sie achtsam, unterschätzen Sie aber niemals Ihr Gegenüber. Wie würden Sie sich es wünschen, diese Nachricht übermittelt zu bekommen. Spielen Sie die verschiedenen Szenarien in ihrer Melodie gedanklich durch, ohne dass Sie sich auf eine spezifische Situation festlegen. Was könnte wie laufen? Das ist das »I« im **SPIKES**-Modell (»Obtaining the Patient's Invitation«), nämlich den Patienten in das Gespräch zuerst innerlich und dann tatsächlich einzuladen.

Das »K« steht für »Giving Knowledge and Information to the Patient«. Hier dreht sich alles um die Warnung vor der eigentlichen Mitteilung der schlechten Prognose. Es kann ein Satz sein, der das eigene Bedauern ausdrückt, es kann ein trauriger Blick sein, es kann beides sein. Wichtig ist nur, dass das Signal klar ist und beim Gegenüber ankommt. Erst jetzt kann die eigentliche medizinische Information folgen.

Bei allem sachlich und wahrhaftig bleiben, aber stets empathisch, ja das geht – sogar ohne die notwendige Botschaft inhaltlich zu schwächen. Versuchen Sie die Emotionen des

Gegenübers zu erfassen, aber auch zu respektieren, ohne sie gleich zu bewerten. Versuchen Sie den geschützten Raum noch größer und sicherer zu machen, geben Sie dem Empfänger der schlechten Nachricht Platz für seine Gefühle. Trauer oder Wut, Verzweiflung, Sorge um andere, Selbstmitleid, mitunter auch Bitterkeit oder sogar Humor – all das ist nicht nur erlaubt, sondern völlig normal in so einer Situation. Die Gefühle anzunehmen, vielleicht auch zu spiegeln, bedeutet das »E«: »Addressing The Patient's Emotions With Empathic Responses«.

Bleibt noch das »S«, das im Englischen für »Strategy and Summary« steht. Je nach Situation versuchen Sie das Gepräch abschließend zusammenzufassen, wobei diese Zusammenfassung nicht ein langer Monolog sein sollte, vielmehr ein Destillat des Gesprächs. Dafür genügen zumeist ein oder zwei Sätze. Die soll sich der Patient merken können, und Sie übrigens auch. Denn daran kann man anknüpfen.

Wie schon erwähnt, das **SPIKES**-Modell soll nur als Orientierungshilfe dienen. Es ist nicht sklavisch Punkt für Punkt abzuarbeiten, es kann aber als Orientierungshilfe dienen. Jeder Überbringer schwieriger oder sogar als katastrophal wahrgenommener Nachrichten braucht selbst ein Geländer, an dem er sich festhalten kann, das ihn durch die problematischen Gespräche führt. Und das ihm auch dabei hilft, keine Angst vor solchen Gesprächen zu haben. Ein gewisses Maß an Angst kann aber dienlich sein, sensibel und achtsam zu bleiben. Wir müssen sie annehmen und als wesentlichen Teil unserer Aufgabe begreifen. Jedes Gespräch läuft anders, man kann nicht nach dem immer gleichen Schema herangehen und davon ausgehen, dass dann alles gut laufen wird. In meiner Praxis und auch bei Kollegen haben sich aber ein paar Erfahrungen herausgebildet, die ich im Folgenden zumindest für mich als unverzichtbar und besonders wichtig hervorheben möchte. In Vorträgen oder Seminaren, wenn ich mit Polizisten oder Ärzten oder Studenten über die Kunst der Übermittlung schlechter Nachrichten spreche, kommen diese wichtigsten Aspekte regelmäßig vor.

Sich seiner Rolle bewusst sein

Auf dem Weg zu meinem Büro in der ersten Etage der Klinik treffe ich meine Assistentin: Dr. Fernandez-Meier ist aus ihrem Urlaub zurück. Ihre Mutter ist schwer erkrankt. Da sie als einziges von sieben Kindern im Ausland lebt und arbeitet, ist sie die große Stütze der Familie. Emotional, aber auch finanziell, denn sie unterstützt ihre Familie in Peru, so gut sie kann. Sie hat wieder Dienst und klärt eine Patientin über die geplante Chemotherapie auf.

Man merkt ihr den Kummer nicht an, sie lächelt und versucht der Patientin alle Fragen zu beantworten: »Was kann ich gegen meine Schwäche tun? Schaffe ich es überhaupt, die Chemotherapie zu überstehen? Was kann ich zusätzlich tun, um meine Kraft und meine Heilungschancen zu erhöhen? Macht die Chemotherapie überhaupt Sinn? Was sind die Alternativen?« Dr. Fernandez-Meier strengt sich an, die richtigen Worte zu finden, aber bevor sie nur einen ihrer Sätze beenden kann, stellt der Ehemann der Patientin schon die nächste Frage. Die Patientin ist Zahntechnikerin, er Bauingenieur. Sie will nur einige Antworten, er sehr viele. Er sucht nach einem Masterplan, das ist das Gefühl der Ärztin.

»Seien Sie nicht böse«, sagt sie zu ihm, »aber der Mensch ist nun mal keine Maschine, und daher lassen sich auch nicht alle Pläne, die wir uns machen, hundertprozentig umsetzen.« »Das verstehe ich jetzt nicht«, erwidert er. »Sie sind doch eine studierte Ärztin, Sie müssen mir doch den besten Plan für meine Frau verraten können?«

»Ja, aber der Plan ist nur eine Orientierung und muss an die Patientin individuell angepasst sein. Lassen wir doch zuerst einmal Ihre Frau die Fragen stellen. Danach können wir auch Ihre Fragen bearbeiten.«

Nur zu leicht verliert man den direkten Kontakt zu dem Menschen, an den die Botschaft eigentlich gerichtet war, wenn der Partner zu sehr eingreift. Hier gilt es, sich stets auf den Adressaten zurückzubesinnen und die Prioritäten im Gespräch neu zu ordnen. Und die eigene Befindlichkeit – wie hier im Fall die erschwerte Situation für die Ärztin wegen der Erkrankung ihrer Mutter – lässt sich auch nicht einfach so abschalten.

In Gesprächen entstehen die meisten Missverständnisse, weil Rollenkonflikte bestehen, die Rolle des Gegenübers unklar ist oder unterschiedliche und unausgesprochene Erwartungen im Raum sind. Daher ist es hilfreich, sich als Überbringer einer schlechten Nachricht seiner eigenen Rolle bewusst zu sein und diese auch vorab kundzutun.

Das kann bei der notwendigen emotionalen und kognitiven Abgrenzung vom Inhalt der Botschaft helfen und ist auch ohne Verlust der wichtigen Empathie beim Überbringen der Botschaft möglich. Rollenkonflikte können zum Beispiel auch dann auftreten, wenn der Überbringer der schlechten Nachricht der Arzt und gleichzeitig der Lebenspartner oder ein enger Freund ist.

Meine Mutter, ehemalige Stationsgehilfin eines Berliner Krankenhauses, delegierte immer wieder alle Aufklärungsgespräche zu ihren Krankheiten – Diabetes mellitus, Arthrose, Asthma, Gebärmutterkrebs, Übergewicht, Bluthochdruck und Herzschwäche – an mich, obwohl ich das eigentlich nicht wollte. Ich spürte, dass mir die Objektivität meiner geliebten Mutter gegenüber fehlte und dass mich das bei meinen medizinischen Entscheidungen eher ungut beeinflusste. Daher versuchte ich immer, sie nur als »Lotse« zu begleiten und für alle weiteren medizinischen Schritte an meine Kollegen zu übergeben. Ich hielt mich aus allen medizinischen Entscheidungen heraus – aus den meisten zumindest, denn das eine oder andere Mal musste ich meine Kollegen bremsen, da sie aus falsch verstandener Rücksicht auf mich besonders vorsichtig waren und zusätzliche Untersuchungen anordneten, obwohl medizinisch gesehen daraus kein zusätzlicher Informationsgewinn zu erwarten war.

Wenn Betroffene oder Angehörige selbst aus medizinischen Professionen stammen, sind häufig Konflikte vorprogrammiert. Zu sehr vermischen sich dann auch hier die verschiedenen Rollen. Erst kürzlich begegnete ich dem Ehemann einer Patientin mit schwerem Krebsleiden. In Anwesenheit seiner Frau sprach ich über sie, als sei sie eine seiner Patientinnen. Zudem ist er Augenarzt und kein Krebstherapeut. Ich spürte seine große Sorge und wusste, er versuchte, die allerbeste Operationstechnik für seine Frau zu definieren. Schon auf dem Weg in mein Behandlungszimmer zählte er mir alle Fakten auf, ohne dass ich danach gefragt hatte. Ich bat den Ehemann, vorerst mit seinem Bericht zu warten, begrüßte die Patientin und fragte sie, ob sie mir ihre Beschwerden beschreiben könne. Irgendwie erschienen beide erleichtert, dass sie selbst zu Wort kommen und er sich auf seine Rolle als Ehemann konzentrieren konnte. Ich spreche derartige Konflikte direkt an und versuche dennoch, Wertschätzung und auch kollegialen Respekt zu zollen, mache aber deutlich, dass Angehörige nicht die medizinischen Maßnahmen definieren und kontrollieren müssen. Vertrauen ist die Grundlage eines funktionierenden Arzt-Patienten-Verhältnisses, unabhängig von der Tatsache, ob die Patienten oder Angehörigen einen medizinischen Hintergrund besitzen.

Immer wieder erfahre ich, dass insbesondere junge Ärzte Gespräche, in denen sie schlechte Nachrichten überbringen sollen, meiden. Häufig begründen sie das damit, dass ihnen die Fachkompetenz zum Krankheitsbild und die Erfahrung über mögliche Behandlungsoptionen fehle. Auch in unseren Seminaren, die wir an der Charité seit Jahren durchführen (ausführlich dazu vgl. im Anhang S. 176 ff.), hören wir diese Begründung, wenn wir Freiwillige für das Gespräch mit geschulten Simulationspatienten suchen – (Laien-)Schauspieler, die standardisierte Krankheitsgeschichten simulieren. Das Gespräch mit ihnen wird als sehr effektive Lern- und Trainingsmethode in Seminaren für Medizinstudenten und Ärzte eingesetzt, gerade weil sie strukturiertes Feedback zu den Arzt-Patienten-Gesprächen geben können: Der Urologe lehnt das Gespräch mit dem HIV-Patienten ab, der Gynäkologe mit dem Angehörigen des Verkehrstoten. Die Seminarteilnehmer merken aber dann meist sehr schnell, dass es weniger um die Details zur Krankheit als vielmehr um das praktische Überbringen der Nachricht geht. Junge Ärztinnen oder Ärzte berichten mir zudem immer wieder, dass sie das schwierige Gespräch meiden, weil sie das Gefühl haben, in der Hierarchie zu weit unten zu stehen, zu wenig Erfahrung zu haben, oder weil sie Angst vor falschen oder noch nicht abgestimmten Empfehlungen haben. Natürlich ist es nützlich, mit einem erfahrenen Arzt abgestimmte Therapiekonzepte verfügbar zu haben. Es zeigt sich aber, dass die Behandlungskonzepte in dieser Art von Gespräch nicht das zentrale Thema sind und hier auch keine Details zur Sprache kommen (sollten). Man kann es gar nicht oft genug wiederholen: Es geht in erster Linie um Empathie und das Aushalten der schwierigen Situation.

Empathie möchte ich übrigens nicht missverstanden wissen als uneingeschränkte Zuwendung, denn die innere Abgrenzung des Überbringers der schlechten Botschaft ist zwingend notwendig, damit er nicht selbst mit jeder schlechten Nachricht ein Stück weiter ausbrennt. Das heißt nicht, dass man die eigenen Gefühle ignorieren soll – ganz im Gegenteil, man sollte sie wahrnehmen und reflektieren, um auch die eigenen Reaktionen und das eigene Verhalten besser zu verstehen. Dieses Wissen kann dabei helfen, die Gesprächs- und Reaktionstechniken zu verbessern und mit Trauer, Mitleid oder Wut besser umzugehen. Ohne eine gewisse innere Distanz geht die Objektivität und damit auch die Wahrhaftigkeit verloren. Eine Studie von Lesley Fallowfield, einer der großen Pionierinnen auf dem Gebiet der Forschung zum Arzt-Patienten-Verhältnis, wurde an Ärzten in England durchgeführt. Das Ergebnis war beeindruckend: Waren den Ärzten die Patienten besonders sympathisch, hatten sie größere Schwierigkeiten, den wirklichen Befund bzw. eine schlechte Nachricht zu vermitteln.

»Herr Doktor, woher kommt meine Heiserkeit?«

Ich trinke wieder Kaffee mit geschäumter Milch und etwas Muskat. Das tut mir gut nach der schwierigen Operation. Ich diktiere den Operationsbericht, als das Telefon klingelt. Meine Sekretärin hat Frau Professor Steinführer in der Leitung. Eine Kollegin. Sie fragt, ob sie mich kurz sprechen kann.

»Was kann ich tun?«, frage ich.

»Seit zwei Wochen bin ich heiser. Kann das von den neuen Medikamenten kommen, die mir verschrieben wurden?«, meint sie.

»Sind Sie erkältet, haben Sie auch Husten und Fieber?«, frage ich sie und erwarte ein schnelles Ja, da es Winter ist und gerade viele erkältet sind. »Nein, ich habe keinen Husten, und Fieber habe ich auch nicht«, antwortet sie.

Sie war bereits bei ihrem Hals-Nasen-Ohren-Arzt, der ihr nach seiner Untersuchung mit einem abgewinkelten Spiegel mitteilte, dass die linke Stimmlippe gelähmt sei. Ein Tumorknoten könnte die Ursache sein, so ihr Arzt. Ich bitte sie, in die Klinik zu kommen – gegen 13 Uhr müsste das Staatsexamen, bei dem ich als Prüfer heute aktiv bin, zu Ende sein. Sie wolle doch morgen mit ihrem Neffen nach Chemnitz fahren, erzählt sie noch, und dort mit ihrer 89-jährigen Mutter die Festtage verbringen.

Sie wartet schon, als ich mein Büro erreiche. Ich taste ihren Hals ab, kann aber keine vergrößerten und verdächtigen Lymphknoten erspüren. Auch die neurologischen Tests sind soweit ohne Auffälligkeiten. Ich lasse sie mit geschlossenen Augen ihre Nase berühren und einige Schritte machen – auch die Feinmotorik funktioniert tadellos. »Reicht es nicht bis zum neuen Jahr? Soll ich Kortison nehmen?«, fragt Frau Professor Steinführer.

Der Nerv, der die Stimmlippen versorgt, wird manchmal bei einer Schilddrüsenoperation aufgrund seiner anatomischen Lage verletzt, so habe ich es im Medizinstudium gelernt. Sie hatte aber keine Operation. Ich empfehle ihr eine Magnetresonanztomografie des Halses und des Gehirns. Ich bitte den Kollegen, selbst wenn es schon Freitag später Nachmittag ist, die Untersuchung noch durchzuführen. Er verspricht, es zu versuchen und mich in einigen Minuten zurückzurufen. Es klappt tatsächlich: Die Untersuchung soll in zwei Stunden sein, wir freuen uns über den kurzfristigen Termin. Der Kollege meint, dass wir sogar heute noch den Befund erhalten können. Gegen 18 Uhr kommt sie zurück. Der Arzt sagt ihr, sie müsse sofort zu mir. Für einen Moment wechseln wir die Rollen: Ich werde zum Empfänger, sie zum Überbringer der schlechten Nachricht.

»Es sieht schlecht aus«, sind ihre ersten Worte, als wir uns wiedersehen.

»Wie, schlecht?«, frage ich nach.

»Sehr schlecht«, antwortet sie. Sie hat Metastasen im Gehirn, das ist die Ursache. Sie ist bedrückt, ich auch, wir kennen uns schon seit vielen Jahren.

»Und wie geht es jetzt weiter?«, fragt sie. Ich empfehle ihr die stationäre Aufnahme und eine Behandlung mit Kortison, um die Schwellung, die durch die Hirnmetastasen verursacht wird, zu reduzieren. So kann, wenn auch nur vorübergehend, die Lähmung der Stimmlippe aufgehoben werden. »Verrückt«, denke ich, »die meisten Frauen mit Hirnmetastasen werden durch ganz andere Beschwerden klinisch auffällig. Symptome wie Kopfschmerzen, Gangunsicherheit und Übelkeit mit Erbrechen, das sind die typischen Beschwerden.« »Bitte bleiben Sie hier«, sage ich zu ihr. »Wenn Sie unbedingt möchten, fahren Sie trotzdem zu Ihrer Mutter, aber das müssen Sie selbst verantworten. Es können jetzt jederzeit epileptische Anfälle auftreten, das muss ich Ihnen leider sagen. Am Montag werde ich in der Strahlentherapie um eine Ganzhirnbestrahlung bitten. Es ist leider sehr ernst, Frau Professor Steinführer.«

Sie scheint es dennoch gefasst zu nehmen, schaut mich an und sagt: »Ich hoffe aber, dass ich nicht so schnell sterben muss?«

»Das weiß ich nicht, ich will aber ehrlich zu Ihnen sein: Es könnte Ihr letztes Weihnachten mit Ihrer Mutter sein«, antworte ich.

Die erste Nacht nach der schlechten Nachricht ist vergangen. Sie konnte schlafen, ihr Neffe holt sie ab, an sich wollten sie gleich nach Chemnitz fahren. Sie hat aber nun gemeinsam mit ihrem Neffen entschieden, doch in Berlin zu bleiben. »Ich habe keine Angst, körperlich geht es mir gut«, sagt sie. Ich biete ihr an, in der Klinik zu bleiben, sie möchte aber zu Hause sein. »Worauf soll ich achten?«, fragt sie mich. »Bitte bleiben Sie nicht allein«, sage ich. »Mein Bruder kommt am Vormittag und meine Vermieterin weiß Bescheid. Und die Einsamkeit und Ungewissheit überrennen mich nicht«, meint sie. »Ist Ihre Stimme besser geworden?«, frage ich noch zum Schluss. »Noch nicht!«, antwortet sie.

Am Morgen der zweiten Nacht nach der Diagnose schreibt sie mir: »Ich hatte eine bessere Nacht und die Stimme ist besser. Alles Liebe zum Wochenende, Ihre Frau Prof. Steinführer.«

Wie beginnt man ein Gespräch zur Übermittlung einer schlechten Nachricht?

Wenn Sie mögen, tasten Sie sich heran und bieten Sie dem Empfänger der Nachricht an, sich daran aktiv zu beteiligen, wie weit die Information und Aufklärung inhaltlich gehen und wie hoch die Geschwindigkeit sein soll. Aber unterschätzen Sie den Patienten, den Empfänger der schlechten Nachricht nie. Bei allen Unklarheiten fragen Sie und lassen Sie Raum für eine Antwort, für jede Reaktion. Sie dürfen sich auch verbal an das Thema herantasten, nach der aktuellen Situation und Erwartungshaltung fragen, den Zeitrahmen abstimmen und fragen, ob eine Vertrauensperson dabei sein sollte. Auch das bereits angesprochene Recht auf »nicht wissen wollen« sollte respektiert werden, darf aber nicht als Generalvollmacht für »nicht informieren« verstanden werden. Selbst das Delegieren an eine Vertrauensperson ist erlaubt. Fragen Sie einfach nach.

Was ich meinen Patienten und deren Angehörigen immer wieder proaktiv sage, ist, dass ich im Gespräch nicht lügen werde und dass die Wahrheit zu sagen für mich sehr wichtig ist. Ohne diese Haltung kann ich keine Behandlungskonzepte für die Patienten erarbeiten, mit denen ich mich identifizieren kann.

Viele Überbringer von schlechten Nachrichten haben

Angst vor den Formulierungen, den einzelnen Worten, und konzentrieren sich deshalb darauf, einfache Sätze und klare Formulierungen zu benutzen. Was passiert aber, wenn ein falsches Wort gewählt wird? Wenn es zu einer sprachlichen Komplikation kommt? Es gibt keinen Operateur, der noch nie eine Komplikation verursacht hat, beispielsweise aufgrund schwieriger anatomischer Verhältnisse den Harnleiter oder ein Darmsegment verletzte. Die Kunst ist aber, dies schnell zu erkennen und alle Maßnahmen zur Behebung der Komplikation einzuleiten, in diesem Fall also den Harnleiter mit feinen Fäden wieder zusammenzunähen und mithilfe einer sogenannten Ureterschiene zu versorgen. Auch bei der Übermittlung von schlechten Nachrichten können sich sprachliche Fehler einschleichen, die aber viel weniger Einfluss auf das Verhältnis zwischen Überbringer und Empfänger haben, als man es vielleicht befürchtet, und meist bleiben sie auch nicht nachhaltig in Erinnerung.

Verständigungsprobleme

Als Arzt macht man nicht selten die Erfahrung, dass der Patient scheinbar einen ganz anderen Informationsstand hat, als es die dokumentierten Krankenakten erwarten lassen. So gibt es Patienten, denen wiederholt mitgeteilt wurde, dass sie unheilbar erkrankt sind, und die mehrmals ein Rezidiv, also ein Wiederausbrechen der Krankheit, erlebt haben. Trotzdem deuten sie die Informationen zu ihrer Prognose anders, als zu erwarten wäre. Mir sagte beispielsweise einmal eine Patientin, die an fortgeschrittenem Gebärmutterhalskrebs litt:

»Herr Doktor, ich weiß, dass es wieder ernst ist. Sie machen mich aber doch gesund? Deswegen bin ich ja bei Ihnen, Sie sind ein ganz besonderer Spezialist.« Es wäre für mich viel angenehmer gewesen, einfach Ja zu sagen. Diese Erwartung hing regelrecht in der Luft zwischen der Patientin und mir. Ich sagte aber wahrheitsgemäß: »Nein« – und löste bei der Patientin und ihrem Ehemann große Enttäuschung aus. Ich bin Mediziner, aber eben auch ein empathischer Mensch. Es kostete mich nicht nur in dieser Situation viel Kraft, dieses Nein auszusprechen – und damit negative Gefühle auszulösen. Aber es war richtig, und ich würde immer wieder so handeln.

Gerade bei chronischen und langjährigen Krankheitsverläufen mache ich immer wieder die Erfahrung, dass Angehörige Schwierigkeiten haben, die aktuelle lebensbedrohliche Situation einzuschätzen. Sie haben das Gefühl: »Es war doch immer sehr ernst und kritisch, meine Frau, meine Mutter oder Schwester hat es aber doch immer wieder geschafft!« Ich spreche in diesen Fällen vom »chronifizierten Sterben« und dem »Verlust der Todesangst«.

Irgendwann ist es aber so weit, dann muss die Kernbotschaft ausgesprochen werden. Es ist auf jeden Fall ratsam, eine Warnung abzugeben. »Es tut mir leid, ich habe Ihnen jetzt eine schwierige Nachricht zu übermitteln«, könnte eine Formulierung sein. Die vorsichtige, aber direkte Warnung ist wichtig, der eine kleine Pause folgen sollte, bevor die eigentliche Nachricht verkündet wird. Es ist wie bei einem Auffahrunfall mit geringer Geschwindigkeit: Er ist besser zu überstehen, wenn man vorbereitet und angeschnallt ist. Selbst bei geringer Geschwindigkeit können schwere körperliche Folgen auftreten – erst recht, wenn sich der Unfall plötzlich und ohne Vorahnung ereignet.

Der Patient hat übrigens auch ein uneingeschränktes Recht auf Nichtwissen. Deswegen sollte nie davon ausgegangen werden, dass unser Gegenüber alles versteht und einordnen kann, was wir ihm mitteilen, selbst wenn wir es noch so klar und verständlich formulieren. Bei der Aufklärung zu einer Operation oder medizinischen Intervention sollten wir durch Fragen behutsam herausfinden, was der Patient weiß – und vor allem: Was er verstanden hat, so dass er es seinen Angehörigen mitteilen kann. Das Verständnis der eigenen Krankheit, der Therapie und der Prognose kann sich im Krankheitsverlauf ändern und sollte daher in jeder neuen Situation erneut abgefragt werden.

Soziokulturelle Besonderheiten sollten ebenfalls beachtet werden. Um Missverständnissen vorzubeugen, kann es gerade bei Menschen aus anderen Kulturräumen, die anders mit Informationen und Patientenaufklärung umgehen, helfen, eine kurze Erklärung über die Vorgehensweise bei einem solchen Gespräch zu geben. Formulierungen wie: »Wir klären Patienten im Allgemeinen offen und ehrlich auf, wenn die Befunde vollständig vorliegen. Sind Sie damit einverstanden?«, können hilfreich sein. Zudem sollten Angehörige prinzipiell nicht mehr wissen als der Patient selbst, es sei denn, dies ist der ausdrückliche und artikulierte Wunsch des Patienten.

Im Gespräch mit Menschen, deren Sprache man selbst nicht spricht, sind zusätzliche Herausforderungen zu überwinden. In diesen Situationen kommt den Übersetzern eine herausragende Rolle zu. Sie fungieren als Medium zwischen den eigentlich angesprochenen Personen und dem Überbringer der Nachricht. Man sollte sich bewusst machen, dass es hier zu einer Art indirekter Kommunikation kommt, die das Gespräch sicher nicht einfacher macht. Es geht nicht nur darum, dass die medizinischen Aussagen inhaltlich korrekt übersetzt werden – was wir meistens nicht überprüfen können. Auch die oben angesprochenen emotionalen und empathischen Aspekte sollten trotzdem berücksichtigt werden. Durch die versetzte Überbringung der Informationen kann es nämlich zu einer Entkopplung der Informationsvermittlung von der emotionalen Ebene kommen – ein Vorgang, den man an sich stets zu vermeiden versucht. Auch kommt es stets zu längeren Gesprächsszenen im Vergleich zum klassischen Zweiergespräch, zu längeren und ungewohnten Pausen. Wenn der Überbringer der Nachricht bereits in »Wortpause« geht, sobald der Übersetzer die Information übertragen will, darf er nicht vergessen, dass auch der Vermittler selbst die Information kognitiv und auch emotional verarbeiten muss. Zusätzlich benötigt der eigentliche Adressat der Information und Botschaft diese Zeit. Atempausen einplanen und ihnen Raum geben, auch wenn das Gespräch zu dritt noch länger dauert als zu zweit. Das gelingt, wenn Sie auf Augenkontakt achten, wenn Ihre Körperhaltung zugewandt bleibt, auch wenn gerade das von Ihnen Gesagte in die andere Sprache übersetzt wird. Das ist nicht leicht, es erfordert Geduld, aber es zahlt sich aus – für Ihr Gegenüber, für das Gespräch und damit auch für Sie selbst. Im Übrigen können Sie damit auch Verfälschungen oder Verzerrungen durch die Übersetzung zumindest aufdecken, wenn auch nicht verhindern. Scham, Angst oder einfach sprachliche Missverständnisse aufgrund eigener Verständnisschwierigkeiten führen immer wieder dazu, dass Übersetzer nicht korrekt das übertragen, was der Arzt gesagt hat. Die emotionale Ebene kann aber nie ausgeblendet werden, denn diese vermitteln Sie auch nonverbal: durch Körperhaltung, durch Gestik und Mimik, durch den Gesichtsausdruck. Am besten ist es freilich, wenn ein professioneller und medizinisch geschulter Übersetzer mitwirkt. Das ist aber oft nicht der Fall. Häufig übersetzen (entfernte) Angehörige oder Freunde, die nicht in beiden Sprachen wirklich zu Hause sind. Um so wichtiger ist in solchen Situationen das, was ich über Empathie und Gefühlsebene geschrieben habe.

Denken wir an die Politik, wo sich Staatsoberhäupter treffen, die sich nicht in derselben Sprache unterhalten können. Die Übersetzer sitzen hier meist etwas versteckt und seitlich versetzt zu den Gesprächspartnern, die sich gegenübersitzen und Augenkontakt halten. Diese Konstellation wäre auch für das Arzt-Patienten-Gespräch mit Übersetzer ideal. Lässt es sich so nicht umsetzen, sollte man zumindest einen Platz mit direktem Bezug zum Gesprächspartner suchen. Fragen Sie aber vorher, ob Ihr Gegenüber diese Sitzordnung akzeptieren kann, da es manche Menschen durchaus irritiert, wenn ihnen jemand buchstäblich »im Nacken« sitzt. Und achten Sie auf mögliche Rollenkonflikte aufgrund familiärer Beziehung. Im Zweifelsfall sollte man einen professionellen Übersetzer hinzuziehen.

Warum Schweigen manchmal die beste Antwort ist

Immer wieder geht es vor allem darum, für sein Gegenüber mitzudenken, eine Kommunikation herzustellen, die beiden Seiten ihren Raum gibt. Deswegen sollte nach dem Verkünden der negativen Kernbotschaft bewusst eine kleine Pause eingehalten werden. Einer Studie der Universität Düsseldorf zufolge unterbricht der Arzt seinen Patienten schon nach gerade einmal 11 bis 24 Sekunden. Das ist erklärbar, denn er ist involviert, engagiert, will gerne aufklären. Damit erschwert er aber den weiteren Verlauf des Gesprächs. Der Arzt sollte nicht so viel sprechen, eher zuhören und dem Patienten ausreichend Raum für seine eigenen Ansichten und emotionalen Signale, seine Worte und Gesten geben. Auch das Nichtssagen sollte und kann bei Ärzten trainiert werden. Pausen sind eines der wichtigsten Stilmittel eines Gesprächs. Häufiger Fehler: Meist wird den Patienten keine Pause gegönnt und sie sind dann nicht mehr aufnahmefähig. In vielen Fällen wird der Patient geradezu mit Informationen überschüttet: »Hier, Ihre Diagnose, Prognose und der detaillierte Behandlungsplan, sind Sie einverstanden?« Das hilft vielleicht dem Arzt, sich auf die scheinbar einfachere und emotionsärmere professionelle Ebene zu begeben, lässt allerdings den Patienten meist zurück. Jeder sollte testen, wie lange er eine Pause im Gespräch aushalten kann. Dabei sollte man sich nicht aus dem Gespräch herausnehmen, sondern Teil des Dialogs bleiben, jedoch ohne Worte, und die Zuhörer- und Beobachtungsrolle einnehmen.

Aus verschiedenen Untersuchungen wissen wir, dass der Patient nach dem Empfang der schlechten Nachricht nur einige Sekunden benötigt, um sich einigermaßen zu sammeln und selbst Fragen zu stellen. Der Arzt sollte die Stille nicht unterbrechen oder zu füllen versuchen mit Sätzen wie: »Es gibt noch diese und jene Behandlungsmöglichkeit«, oder »Es gibt noch eine neue Möglichkeit.« Es trennen den Übermittler und den Empfänger nur wenige Sekunden, die beide meist wie Stunden empfinden. Und das ist gut so, denn sie haben eben auch unterschiedliche Rollen in dieser Situation, selbst wenn sich Arzt und Patient verbunden fühlen. Wir müssen das aushalten. Was dem Überbringer der Nachricht übrigens oft schwerer fällt als dem Empfänger. Solche Pausen werden nämlich von den Betroffenen als heilsam und stärkend wahrgenommen, häufig viel besser als jeder weitere Kommentar.

Machen Sie doch das folgende Experiment einmal selbst: Stellen Sie sich vor, Sie sagen einer Ihnen nahestehenden Person, dass ihr Lebenspartner verunglückt ist. Auch wenn das jetzt für Sie unangenehm ist, versuchen Sie es bitte und sprechen den Satz laut aus: »Liebe…, ich muss dir sagen, dass dein Mann gerade bei einem schweren Autounfall verunglückt ist.« Und nun zählen Sie in Gedanken bis zwanzig. Vielleicht ahnen Sie nun, wie schwer eine solche Pause auszuhalten ist.

Im Treppenflur

Sie ist in der 31. Schwangerschaftswoche, es ist ihr erstes Kind und sie liegt auf der neurochirurgischen Intensivstation. Mit Hilfe von Spendengeldern ist sie aus Mittelpolen nach Berlin gekommen. In ihrem Kopf sind Metastasen, aber sie hofft auf eine Operation und Heilung. Maya Nowak ist 32 Jahre jung. Noch während der Schwangerschaft erhielt sie wegen Lungen-, Leber- und Knochenmetastasen eine Chemotherapie. Der Brustkrebs war mit unglaublicher Wucht in ihren Körper, in ihr Leben zurückgekommen. Eine Operation macht in dieser Situation keinen Sinn, da sind sich alle Ärzte einig. Im Vordergrund steht nun das Leben des Kindes. Die Mutter ist abgemagert und sehr geschwächt, sie hat wegen der Knochenmetastasen unerträgliche Schmerzen, auch die Morphine wirken kaum. Andere Medikamente können jedoch wegen der Schwangerschaft nicht gegeben werden. Dr. Jacek Grabowski, der in Wagrowiec geboren ist, spricht mit der Patientin und ihrem Ehemann. Welch ein Glück, denn er ist kompetent in der Krebsmedizin und perfekt in Deutsch und Polnisch. Ein schweres Gespräch, das verstehe ich, auch ohne ein Wort zu verstehen.

Er erklärt den beiden mit sanfter Stimme, dass die Operation keinen Sinn macht. Es fällt ihm nicht leicht und er versucht, ihr nicht alle Hoffnung zu nehmen. Über das Sterben kann er jetzt nicht sprechen. Er denkt während des Gesprächs mehrfach darüber nach, ihr den bitteren Wein der Wahrheit einzuschenken, dass ihre Krankheit unheilbar ist und sie bald sterben muss. Seine Augen sprechen es zwar aus, aber seine Lippen können es nicht. Er sagt mir hinterher, es wäre einfach zu viel gewesen. Ich beobachte die traurigen, aber bewegten Gesichter und ich bin mir sicher, er hat recht. Er verspricht, am nächsten Tag wiederzukommen. Wir verabschieden uns, beginnen mit der Organisation des Kaiserschnitts für den nächsten Tag.

Inzwischen sind zwei Tage vergangen. Das Kind ist auf der Welt, es geht ihm gut, die Operation verlief ohne Komplikationen: 46 cm und 1640 g sind die ersten Daten des lebensfrohen Wesens. Gestern ging es der Patientin besser und Dr. Grabowski konnte mit ihr auch über eine

Patientenverfügung sprechen. Gemeinsam mit dem Ehemann haben sie die medizinischen Grenzen festgelegt. Sie ist sehr schwach, ihre Bewegungen sind wegen der notwendigen Morphindosis langsamer geworden. Die Schmerzen sind aber endlich besser. Das Kind wird zwei Mal am Tag zu ihr gebracht, es soll die Wärme und die Liebe der Mutter spüren. Die Stille im Zimmer wird nur durch das schwere Atmen der Mutter durchbrochen. Ihr Kind atmet leicht und scheint sich an der Luft der Welt zu erfreuen. Ihre Augen sind geschlossen, aber man spürt, dass sie sehen kann.

Die Mutter liegt im Bett, das Kind im Brutkasten. An der Seite sind zwei kleine Fenster, die mit einem dünnen Gummibezug abgedichtet sind und durch die man das Kind berühren kann. Die Mutter streichelt mit ihrer rechten Hand erst die kleinen Hände, dann die Füße und dann den zarten Kopf. Sie atmet tiefer, es scheint nun leichter zu gehen, auch ihre Bewegungen sind harmonisch und zeigen keinerlei Anzeichen körperlicher Schwäche. Die junge Mutter wird aber mit jedem weiteren Tag müder und müder, alles strengt sie sehr an. Ihre Schlafphasen werden länger und der Schlaf ist sehr tief. Die Großeltern haben heute angerufen, sie sind jedoch zu alt, um sich auf den Weg nach Berlin zu machen.

Wie geht es nur weiter, was sind die nächsten Schritte? Wer macht die nächsten Schritte? Wer traut sich, diese Fragen auszusprechen und sich den schweren Antworten zu stellen? Ich bin auf einem Kongress in Stuttgart, rufe Dr. Grabowski an, er hat heute keinen Dienst. Ich frage nach der Patientin und er erzählt mir, dass heute alles vorbereitet wurde, sie mit dem Kind und ihrem Ehemann mit einem Krankentransport nach Hause zu bringen. Wie soll er aber den Eltern der Frau sagen, dass ihr Enkelkind da ist und die Tochter sich in wenigen Tagen für immer verabschieden wird? Die Türen des Krankenwagens schlagen zu, das Auto fährt los.

Es sind einige Tage vergangen. Im Treppenflur treffe ich Herrn Grabowski und erkundige mich nach der polnischen Patientin mit dem metastasierten Brustkrebs. Ihr geht es so weit gut, es sind jetzt mehr als vier Wochen seit der Geburt per Kaiserschnitt vergangen. Die Mutter verbringt viel Zeit mit ihrem Kind, der Ehemann und die Großeltern versuchen wohl alles, um ein unter den gegebenen Umständen normales Leben zu leben – und das, obwohl alle wissen, dass die Mutter in absehbarer Zeit sterben wird.

Die entscheidende Frage

»Wie stehen meine Chancen, Herr Doktor?« Immer wieder wird diese Frage gestellt, meist dann, wenn die schlechte Nachricht gerade übermittelt wurde. Häufig ist es sogar die letzte und manchmal auch die einzige Frage des Patienten zum Ende des Gesprächs. Was meinen Patienten aber mit dem Wort »Chance«? Meinen sie die Chance auf Heilung, auf Symptombesserung, auf die Besserung ihres Wohlbefindens? Wenn man nicht nachfragt, bleibt es unklar und der Arzt läuft Gefahr, dass seine Antwort nicht das ist, was der Patient wissen wollte. Ich antworte dann oft mit einer Gegenfrage: »Bitte versuchen Sie mir zu erklären, was Sie mit

Chance meinen.« Nach einiger Zeit werden die Patienten meist konkreter und ich kann passender antworten.

Die meiste Angst haben Ärzte und medizinisches Personal wie Krankenschwestern und Arzthelferinnen aber vor der verschärften Form dieser Frage: »Wie lange habe ich noch zu leben?« Dabei kommt diese Frage viel seltener vor, als man vermuten würde. Und das, obwohl fast 50 Prozent aller Krebserkrankungen nicht geheilt werden können und es bei den Behandlungsgesprächen meist um sogenannte palliative Therapien geht. Palliation meint hier, dass die Kontrolle bzw. Linderung von Beschwerden wie Schmerzen oder Atemnot im Zentrum der Behandlungsstrategie steht. Die Operation, Chemotherapie oder Strahlentherapie werden dann dazu eingesetzt, die Lebensqualität der Patientin zu verbessern, und nicht, um die Lebenszeit zu verlängern. Das Wort »palliativ« kommt aus dem Lateinischen (pallium = Mantel, palliare = mit einem Mantel bedecken) und meint, dass die Beschwerden einer Krankheit gelindert, nicht aber ihre Ursachen bekämpft werden.

Wir befragten für eine Studie einmal mehr als 1800 Patienten in verschiedenen europäischen Ländern. Das Ergebnis: Etwa 5–10 Prozent wollten gar keine Angaben zu ihrer prognostizierten Überlebenszeit. Viele wünschten sich eine Orientierung, aber keine exakten Vorhersagen, da nach Überzeugung der Befragten sowieso niemand den exakten Todeszeitpunkt kennen könne. Nahezu alle wünschten sich dagegen genaue Informationen zu den Nebenwirkungen und Auswirkungen der Krebstherapien auf ihr tägliches Leben. Auch wollten sie Alternativen zu den vom Arzt vorgeschlagenen Behandlungen hören und wünschten sich eine Zweitmeinung.

Als junger Student im Praktischen Jahr meines Medizinstudiums begleitete ich eines Tages einen Professor bei seinem Rundgang durch die chirurgische Station. Er war hinzugerufen worden, um eine Empfehlung für die Nachbehandlung im Anschluss an eine Krebsoperation zu geben. Die Patientin, um die es ging, lag in einer anderen Abteilung. Der Professor sollte nun die weitere Behandlung nach der Operation mit ihr besprechen. Der Anfangsverdacht, dass sie Eileiterkrebs hatte, konnte nicht bestätigt werden, vielmehr handelte es sich um ein auf das Bauchfell streuendes Magenkarzinom. Wir klopften zweimal und öffneten die Tür zum Krankenzimmer. Der Ehemann der Patientin öffnete gerade einen Joghurtbecher und ließ diesen auf den Nachttisch fallen. Schnell stellte er ihn wieder auf und suchte etwas verwirrt einen Mülleimer, um den abgezogenen Deckel zu entsorgen. Wir beobachteten die Situation, ohne unsere Laufgeschwindigkeit zum Bett seiner 47-jährigen Ehefrau merklich zu drosseln. Der Professor stellte sich und mich vor, setzte sich hin und fragte die Patientin: »Haben Sie einen Bausparvertrag?«

»Ja«, antwortete sie etwas irritiert.

»Dann kündigen Sie diesen bitte, und zwar sehr bald«, erwiderte der Professor.

Genau diese Patientin traf ich Jahre später auf dem Krankenhausgelände wieder. Als sie mich von Weitem erkannten, schaute der Ehemann zur Seite. Als ich die beiden erreicht hatte, sprach ich sie an: »Entschuldigung, sind Sie nicht das Ehepaar mit dem Bausparvertrag?« Sie blieben beide stehen, der Ehemann hob den Kopf und fixierte meinen Blick. Es gelang mir, mich davon zu lösen und mich seiner Frau zuzuwenden. Es ginge ihr sehr gut, sagte sie, und alle Nachuntersuchungen waren bisher ohne jeglichen Hinweis auf ein

Wiederauftreten der Krebserkrankung. Sie strahlte mich an. Ich freute mich über diesen menschlichen Sonnenschein.

»Wie war es denn damals für Sie, als der Professor nach dem Bausparvertrag fragte?«, traute ich mich nachzuforschen.

»Das war ganz schön harter Tobak«, antwortete der Ehemann.

»Ja, schon«, meinte sie, »aber ich war dem Professor trotzdem sehr dankbar und trage ihm nichts nach. Er war der Erste, der ehrlich zu mir war und mir klarmachte, wie ernst meine Situation war. Wir haben unsere Sachen geordnet, das war sehr gut und wichtig«, fügte sie hinzu.

Dennoch würde ich empfehlen, weniger brutale Zugänge zur Wahrheit zu suchen. In diesem Fall wurde aber eben »die eine entscheidende Frage« knallhart beantwortet, ehe sie überhaupt gestellt wurde. Es geht nie um ein einziges Wort oder einen Satz. Selbst spontan geäußerte unpassende Ausdrucksweisen können später korrigiert oder erklärt werden. Was aber zählt – und was bleibt, ist stets die Haltung und der »Geschmack«, den ein Gespräch hinterlässt. Es sollte nach Klarheit und vor allem nach Wahrhaftigkeit schmecken.

Ein weiteres Beispiel, um auch die Vielfältigkeit der Situationen zu zeigen: Ich erinnere mich an die Begegnung mit meiner ehemaligen Patientin Gala. Sie war eine bekannte Malerin aus Tadschikistan, die seit einigen Jahren mit ihrem Mann und ihrem Sohn in Berlin lebte. Bei unserer ersten Begegnung kam sie mit ihrer Familie in meine Sprechstunde, um eine Behandlungsempfehlung für ihre Krankheitssituation zu erhalten. Sie war damals die letzte Patientin auf der langen Liste meines Tagesplans. Gala war eine sehr schlanke Person und von einer großen, aber vornehmen Blässe. Sie hatte kurze blonde Haare, trug auffallende, neonfarbene Kleidung und zeigte viel von ihrer schönen Haut. Ihre Augen waren sehr dunkel geschminkt, ihre Lippen auffallend rot. Sie trug eine hellgrüne Krawatte ohne Hemd, dazwischen Grün, Rosa, Gelb, und erinnerte mich an die bunten Taschenläden des Basars in Marrakesch. Trotz des langen Arbeitstages war ich sehr angetan von der Komposition der Farben und dem Strahlen voller Hoffnung auf ihrem Gesicht. Ihr Mann und ihr Sohn wirkten wie ein farblicher, aber auch emotionaler Hintergrund – kein Spiel mit Farben, beide waren einfach und in einem einheitlichen Farbton gekleidet und nahmen sich bei dem Gespräch sehr zurück.

Der Tumor war bei Gala wiedergekommen, und ich sagte ihr schließlich, dass er auch nie wieder weggehen würde. Nach einer Pause, die für alle nur schwer auszuhalten war, fragte sie nicht, wie lange sie noch zu leben hätte, sondern mit etwas leiser Stimme und starkem russischen Akzent: »Wie lange kann ich noch malen?«

»Das hängt von den Bildern ab«, antwortete ich und stellte ihr eine Gegenfrage: »Wie lange brauchen Sie denn für ein Bild?«

Ich hatte noch nie ein Bild von ihr gesehen. »Das kommt darauf an«, erwiderte sie. »Manchmal einen Monat, manchmal drei oder sechs Monate.«

»Ja, sehen Sie, die ehrliche Antwort ist: zwischen keinem Bild und vielen Bildern.«

Sie lehnte sich zurück, auch ihre Verwandten taten dies, alle schienen zufrieden zu sein mit der Antwort. Gala lächelte und fragte weiter: »Was gibt es denn für medizinische Möglichkeiten, mir beim Malen meiner Bilder zu helfen?«

Wahrhaftigkeit und Vertrauen

Voltaire meinte: »Alles, was du sagst, sollte wahr sein. Aber nicht alles, was wahr ist, solltest du auch sagen.« Das ist mein zentraler Leitsatz im Umgang mit schlechten Nachrichten. Aber wer kennt schon die Wahrheit? Die Wahrheit ist das Abbild der Realität, des Tatsächlichen, ein Spiegelbild des Geschehenen. Ärzte fühlen sich der Wahrheit verpflichtet, sprechen über Prognosen, über mögliche Szenarien in der Zukunft, ohne sie im Einzelnen zu kennen, ohne dass sie wissen können, was wann wie passieren wird. Immer wieder diskutiere ich mit meinen Patienten und deren Angehörigen die Prognose und spüre selbst, wie sehr ich mich dabei anstrenge, alle Möglichkeiten zu beschreiben und mich von meinem Wissen und den medizinischen Statistiken leiten zu lassen.

»Mit über neunzigprozentiger Wahrscheinlichkeit werden Sie innerhalb der nächsten sechs Monate einen Rückfall Ihrer Krebserkrankung erleben, auch wenn heute Ihre Untersuchungen keine auffälligen Ergebnisse haben.« Ein typischer Satz im klinischen Alltag. Ich merke, dass ich mich damit auch irgendwie emotional entlastet fühle, wenn ich alle für die Patienten negativen Aspekte aufzähle. Liegt es denn wirklich daran, dass wir mehr und mehr die Information und Aufklärung unserer Patienten unter juristischen Aspekten betrachten?

Ich spüre im Gegenzug auch, wie schwer es den Patienten fällt, den Augenkontakt mit mir aufrechtzuerhalten, wenn ich ihnen die medizinischen Fakten zur Prognose mitteile. Viele schätzen meine Direktheit und Ehrlichkeit, wünschen sich aber dennoch auch die Diskussion. Das lasse ich auch zu, selbst wenn die medizinische Statistik dagegen spricht. Die meisten Patienten sind dankbar, wenn ich sie mit Menschen zusammenbringe, die trotz ihrer schlechten Prognosen leben und gut leben. Ich denke, das ist legitim, das ist menschlich, dass wir als Menschen nach Hoffnung suchen und die Möglichkeit haben wollen, mit zu entscheiden, was wir aktiv tun können. Auch wenn die Chance gering ist, bedeutet das nicht, dass dies nicht auch ein Teil der Wahrheit sein kann, dass Überleben nicht möglich ist. Wir versprechen nichts, was eigentlich ausgeschlossen ist, sondern informieren den Patienten über alle Möglichkeiten.

Wer kennt die Wahrheit, seine eigene und die der anderen? Ich denke, dass es erlaubt ist, dem Patienten die eigene Sicht mitzuteilen. Das heißt, was der Arzt selbst unter der Wahrheit versteht, aber auch die Ansicht des Patienten ist zu akzeptieren. Interessanterweise wird der Patient jedoch nur sehr selten nach seiner Ansicht gefragt. Da es keine absolute Wahrheit geben kann, was das Zutreffen der Prognosen für die Zukunft angeht, ist ein gewisses Maß an Bescheidenheit bei der Prognoseübermittlung angemessen. Der Arzt sollte dabei kein schlechtes Gewissen haben, weil er dem Patienten nicht alles und nicht mit allem Nachdruck übermittelt hat. Es sollte kein Wettkampf um die Wahrheit sein. Was jedoch in keinem Fall angebracht ist: Lügen und falsche Versprechen.

Wer kennt schon die Wahrheit? Die vermeintliche Wahrheit zu übermitteln und dabei noch Raum für Hoffnung zu lassen, ist kein Widerspruch und lässt sich auch in einem Gespräch mit schlechten Nachrichten durchaus integrieren. Dafür muss Vertrauen aufgebaut werden. Die Patienten scheinen aber ihrem Arzt nicht immer zu vertrauen. Vertrauen ist jedoch sozusagen das Lebenselixier des Arzt-Patienten-Verhältnisses; ohne Vertrauen ist eine belastbare und nachhaltige Beziehung nicht möglich. Nach einer eigenen Umfrage unter Frauen mit Eierstockkrebs oder Brustkrebs glauben etwa 30 Prozent der Befragten, dass der Arzt ihnen nicht die Wahrheit sagt.

Grundvoraussetzungen für eine erfolgreiche Arzt-Patienten-Beziehung sind Vertrauen und Transparenz. Gerade bei der Betreuung von Krebspatienten spielen Wahrhaftigkeit und gute Information eine herausragende Rolle. Klinische Befunde und Therapieentscheidungen sollte der Arzt den Patienten und ihren Angehörigen verständlich darstellen und erklären. Die einzelnen Informationen sollten in kurzen und verständlichen Sätzen formuliert, dosiert und individuell an die Patienten angepasst werden, um sie nicht mit Informationen zu überfluten und letztlich zu überfordern. Nicht alle Informationen müssen in einem einzigen Gespräch vermittelt werden. Genauigkeit und Vollständigkeit sind nicht immer gleichbedeutend mit Wahrheit. Häufig wird die Wahrheit von der Information erschlagen – der Patient sieht den sprichwörtlichen Wald vor lauter Bäumen nicht.

Immer wieder sagen Ärzte in unseren Kursen, dass sie nicht verstehen, warum einige Patienten behaupten, nichts über ihre chronische und zum Teil jahrzehntelange Krankheit zu wissen. Es habe ihnen niemand etwas dazu erklärt und ihnen die negativen Nachrichten vermittelt, obwohl die Patienten doch nachweislich mehrfach über den Krankheitsverlauf informiert worden seien. Um so einem Schuldzuweisungspingpong bereits im Vorfeld zu begegnen, betonen wir, dass der Arzt sich messen muss an dem, *was* beim Patienten tatsächlich *ankommt* von dem, was ihm gesagt wurde.

Was können die Gründe für eine solche »Informationslücke« sein? Viele Aspekte lassen sich dazu diskutieren, ohne dass eine letztgültige und wissenschaftlich fundierte Aussage möglich ist. Vielleicht handelt es sich um einen Hilferuf, den Wunsch nach einer intensiveren Arztbindung, um der inneren Angst zu begegnen. Vielleicht war der Patient aber auch aus verschiedensten Gründen nicht in der Lage, die schlechte oder auch für ihn komplizierte Nachricht zu verstehen und anzunehmen. Gründe, deren Ursprünge in der eigenen Kindheit, den sozialen Bindungen, dem aktuellen Gesundheitszustand oder in einer lähmenden Angst und Traurigkeit liegen können. Wissenschaftlich ist das sehr spannend, leider finden sich hierzu aber bisher keine Antworten, sodass ich vorerst bei dem Kernsatz bleiben möchte, dass der Übermittler der Nachricht sich daran messen lassen muss, wie seine Botschaft beim Empfänger ankommt. Und zwar *nachhaltig* ankommt. Hierzu hilft es, wenn der Überbringer auch die Geschichten seiner Patienten weiterverfolgt und reflektiert, dass er nachvollzieht, was die Nachricht ausgelöst hat, und ob die Kommunikation gut war für den weiteren Verlauf.

Auf den Wahrheitsgehalt der ärztlichen Antworten sollten sich Patienten ganz sicher verlassen können. Wenn ein Patient ein anderes Gefühl hat, sollte es unbedingt angesprochen werden. Eine Beziehung auf Augenhöhe bedeutet, dass sich der mündige Patient an dieser Stelle auch aktiv am Gespräch beteiligen muss. Wichtig ist über und vor allem, dass neben der sachlichen Information in den Worten des Überbringers Respekt, Wertschätzung, Ehrlichkeit und Hilfsbereitschaft zum Ausdruck kommen, das ist die Haltung, an der sich das Gespräch orientieren sollte. Dann wird aus der einseitigen Ansprache ein wechselseitiges Gespräch.

Sprechen Sie diese vier Worte laut aus: Respekt, Wertschätzung, Ehrlichkeit und Hilfsbereitschaft. Spüren Sie, was das mit Ihnen macht, wenn Sie sich auf ein schwieriges Gespräch vorbereiten. Nutzen Sie diese Übung auch als ihre mentale und emotionale Vorbereitung, versuchen Sie es!

Krankheitstheorien Raum geben und miteinander besprechen

Sehr bald, nachdem eine schlechte Nachricht einen Menschen erreicht hat, stellt sich ihm die Frage: Warum ist das ausgerechnet mir passiert? Diese Frage ist nicht irrational, sondern sehr verständlich. Und nicht nur der Patient sollte sich mit ihr auseinandersetzen, sondern auch das Umfeld. So können wir die verschiedenen Reaktionen besser verstehen und auch Lösungsansätze für innere und äußere Konflikte entwickeln. Auch hier gilt der Leitsatz für den Arzt: beobachten, beschreiben und nicht bewerten!

Nahezu jeder Patient entwickelt sogenannte subjektive Krankheitstheorien. Sie werden auch als Laienhypothesen bezeichnet. Man versteht darunter persönliche Erklärungsmodelle für die Entstehung verschiedener Krankheiten aus Sicht des Patienten. Die Diskrepanz zwischen den medizinischen Erklärungstheorien des Arztes und denen des Patienten wird als eine Hauptursache von Non-Compliance angesehen, also der Nichtbefolgung ärztlicher Therapieempfehlungen. Um mögliche Vorurteile und Bedenken gegenüber bestimmten Therapiekonzepten besser verstehen zu können, kann die Kenntnis von subjektiven Krankheitstheorien sehr hilfreich sein. Patienten entwickeln diese Laientheorien meist schon früh im Rahmen ihrer Krankheitsbewältigung. Diese Erklärungsmodelle sind für die Patienten logisch und rational. Aus Sicht des Arztes sind sie dagegen oft unverständlich – und noch problematischer: Sie stehen häufig im Widerspruch zu den vom Arzt kommunizierten Erklärungen der Ursachen der jeweiligen Krankheiten. Gegenseitiges Vertrauen, das ich in diesem Buch ja schon mehrfach als die Grundlage eines funktionierenden Arzt-Patienten-Verhältnisses beschrieben habe, leidet unter diesem Widerspruch oder kann gar nicht erst aufgebaut werden.

In einer Studie meiner Arbeitsgruppe befragten wir 1800 Frauen mit Eierstockkrebs in verschiedenen Ländern zu ihren laienätiologischen Vorstellungen, also der Frage, wie sie sich das Entstehen einer Krankheit erklären. Als Ursache ihrer Krankheit gaben die Patientinnen privaten Stress, genetische Dispositionen, beruflichen Stress, falsche Ernährung, Virusinfektionen, Umweltverschmutzung oder Nikotin an. Einige Frauen maßen zudem den Hormonen einen Einfluss auf die Karzinomentstehung zu. Andere genannte Gründe waren Radioaktivität, Vergewaltigung, vergiftete Lebensmittel, Leistenoperation und Heimweh. Eine ähnliche Studie unserer Arbeitsgruppe, die Patientinnen mit Brustkrebs untersuchte, zeigte vergleichbare Ergebnisse. Besonders stark sahen die Patientinnen den Stress als Ursache ihrer Erkrankung an. Auf den ersten Blick ergibt sich für den Arzt damit ein sehr diffuses Bild. Aber es ist eben so vielfältig wie das Leben selbst. Und auch aus medizinischer Sicht können wir nicht immer mit Sicherheit sagen, was genau die Ursache für eine Erkrankung ist. Auch wenn wir das gerne möchten und auch dafür unsere Forschung weitertreiben.

Man kann als Arzt die subjektiven Krankheitstheorien des

Patienten beeinflussen, allerdings müssen sie ihm dazu auch bekannt sein. Der Arzt fragt in der Regel den Patienten nicht aktiv danach und der Patient traut sich meist nicht, von sich aus darüber zu sprechen. Werden jedoch die laienätiologischen Theorien nicht gegenüber dem Arzt ausgesprochen, besteht die Gefahr, dass sie sich für den Patienten zu einer unverrückbaren Gewissheit – zu seiner Wahrheit – entwickeln. Medizinisch-naturwissenschaftliche Argumente kommen dann nicht mehr dagegen an. Im Gegenteil, sie bestätigen dem Patienten sogar subjektiv seine Erklärungsmodelle. Die Folge davon ist, dass sowohl der Arzt als auch der Patient verunsichert ist.

Zu dieser Thematik ein Fallbeispiel aus meiner klinischen Praxis: Ich musste als junger Arzt einer etwa 45-jährigen Patientin mitteilen, dass sie nach der Operation eine Chemotherapie erhalten sollte. Anschließend wollte ich sie als weitere Behandlungsmöglichkeit zur Teilnahme an einer klinischen Studie ermutigen. Das zu diskutierende Studienkonzept umfasste drei verschiedene Behandlungsprotokolle:

1. Infusion mit Medikament A und Infusion mit Medikament B
2. Infusion mit Medikament A und Infusion mit Medikament C
3. Infusion mit Medikament A und Tablette mit Medikament D

Das Medikament A war das Standardtherapeutikum, die anderen Medikamente waren grundsätzlich auch wirksam und bereits als Einzelsubstanzen verfügbar. In der Studie wurden die Medikamente aber kombiniert gegeben, da man sich hierdurch geringere Chemotherapieresistenzen erhoffte. Ich erklärte der Patientin detailliert alle potenziellen Wirkungen und Nebenwirkungen, die sich nicht sehr voneinander unterschieden. Ich gab mir dabei sehr viel Mühe. Nach etwa einer halben Stunde ausführlicher Aufklärung fragte die Patientin: »Kann ich mir denn nicht eines der Behandlungsregimes aussuchen?« Ich erklärte ihr, dass dies bei einer sogenannten randomisierten Studie nicht erlaubt sei, die Behandlung daher zugelost werde, also sie entweder Behandlungsregime 1, 2 oder 3 erhalten würde und ich das nicht beeinflussen könne.

»Das ist aber schade«, antwortete sie enttäuscht, »die Behandlungen Nummer 1 und 2 würde ich akzeptieren, aber nicht das Behandlungsregime Nummer 3. Dann kann ich leider an Ihrer Studie nicht teilnehmen!«

Ich konnte es nicht fassen und war auch etwas enttäuscht, respektierte aber natürlich ihre Entscheidung. Um ihre Gedanken nachvollziehen zu können, fragte ich nach: »Warum können Sie denn die Behandlungsregimes 1 und 2, aber nicht 3 akzeptieren? Alle Chemotherapieprotokolle enthalten doch als Grundlage das klassische Standardmedikament.«

Sie antwortete: »Vor etwa vier Wochen war ich in Istanbul und habe mir dort einen sehr schweren Magen-Darm-Infekt auf einer öffentlichen Toilette eingeholt. Wenige Tage später wurde bei mir dann die Diagnose Eierstockkrebs gestellt. Neben dem Bauchfell waren auch Teile des Darms befallen.«

»Was hat das mit Ihrer Ablehnung der Studie zu tun?«, fragte ich nach.

»Verstehen Sie nicht, Herr Doktor? Die Darminfektion hat meinen Krebs ausgelöst, und alles, was meinen Magen-Darm-Trakt belastet, kann für meine Genesung nicht gut sein. Daher habe ich beschlossen, keine Tabletten mehr einzunehmen. Und deshalb kann ich die Behandlungsvariante mit den Tabletten auf keinen Fall akzeptieren.«

Noch einmal versuchte ich, ihr alles zu erklären. Aus meiner medizinischen Sicht. Ich schaffte es aber wieder nicht, sie von der Teilnahme an der Studie zu überzeugen. Heute weiß ich, dass ich ihr mehr Zeit für Erklärungen hätte geben müssen und ich sie nicht so unter Zeitdruck hätte setzen sollen. Laienhypothesen helfen Ärzten zu verstehen, warum der Patient denkt, dass er von der Krankheit heimgesucht wurde. Mit dem Erklärungsmodell findet der Patient zunächst einmal einen Weg, damit auf seine Weise zu leben und Gegenmaßnahmen zu ergreifen. Ärzte sollten die Patienten aktiv nach ihren Vorstellungen befragen, was der Grund ihrer Krankheit ist, um die teilweise falschen Theorien entkräften zu können und somit eine bessere Mitarbeit bei der Therapie zu ermöglichen. Da vollständige Information und Aufklärung als eine der Hauptursachen dafür gesehen wird, dass der Patient sich mit den vorgeschlagenen Behandlungsoptionen einverstanden erklärt, ist das Arzt-Patienten-Gespräch noch intensiver zu gestalten. Anderenfalls nimmt man dem Patienten die Möglichkeit, die verschiedenen Krankheitstheorien abzuwägen und eine Krankheitsbewältigung aktiv zu unterstützen.

Mamed

Mein Schwiegervater kommt aus dem Iran und musste seinerzeit wegen seines politischen Engagements gegen den Schah seine geliebte Heimat verlassen. Vieles hat sich über die Jahre für ihn in der Fremde verändert. Sein Tante-Emma-Laden in Neukölln war stadtbekannt, er war einer der ersten seiner Art. Es gab alles in seinem Laden, von Brötchen bis zu Taschenwärmern. Das Leben in der Fremde veränderte aber auch die Beziehung zu seinen Geschwistern im Iran. Meine Frau wünschte sich jedoch so sehr, etwas mehr über die Heimat ihrer Eltern zu erfahren. Sie ist in Berlin geboren, sehnte sich aber danach, mehr über ihre Wurzeln zu wissen. Daher suchte sie im Internet nach ihren Verwandten.

Es gelang ihr, die große Familie in der virtuellen Welt zu finden. Sie schaute sich jedes Bild an und begrüßte jeden von ihnen höflich. Dann erreichte sie eine Nachricht auf Farsi, der persischen Sprache. Sie las sie zweimal, dann begriff sie, dass ihr Onkel, der ältere Bruder ihres Vaters, gestorben war. Eigentlich war sie auf der Suche nach frohen Botschaften ihrer verlorenen Familie und fand dann die schlechte Nachricht über ihren Onkel. Wie sollte sie das nur ihrem Vater sagen! Sie rief zuerst ihre Schwester, dann ihre Mutter an. Keiner der beiden erklärte sich bereit, meinem Schwiegervater die Nachricht vom Tod seines älteren Bruders zu überbringen. Als meine Frau mich mit ihren dunklen Augen anschaute, war mir klar: Ich muss es tun.

Wir holten die Schwester meiner Frau ab und fuhren nach Rudow, in den Süden Berlins, dort leben ihre Eltern seit mehr als 30 Jahren. Mein Schwiegervater wusste nicht, dass wir kommen, sonst hätte er wie sonst schon auf der Straße auf uns gewartet. Wir klingelten, meine Schwiegermutter öffnete die Tür, sie wusste Bescheid, ich ging ins Haus, meine Frau und ihre Schwester blieben bei ihrer Mutter zurück.

Mein Schwiegervater spürte, dass irgendetwas nicht stimmte; ich merkte, dass er es wusste. »Ich muss dir etwas sagen. Dein Bruder ist gestorben, dein Bruder

Mohamed.« Seine Augen wurden größer und größer, er riss den Mund auf. »Mohamed? Wer ist Mohamed?«, fragte er. »Mohamed, dein Bruder!« Die anderen drei konnten nicht sprechen.

»Jalid, sag, was ist los, wer ist gestorben? Meinst du Mamed?« »Ja«, sagte ich, »Mamed!« Mein Schwiegervater setzte sich auf den Boden und begann zu weinen. Alle hielten ihn fest, das half ihm sehr.

Im Nachhinein fragte ich ihn einmal, ob es ihm in negativer Erinnerung geblieben sei, dass ich ihm in diesem Augenblick den falschen Namen nannte. »Nein, Jalid, das war wirklich nicht schlimm, ich sah in deine Augen und ich wusste, dass du mir eine traurige Wahrheit überbringen musstest. Dass du den falschen Namen sagtest, habe ich wirklich vergessen. Ich habe aber nicht vergessen, dass du die Verantwortung übernommen hast, mir diese traurige Botschaft persönlich zu überbringen.«

Die Botschaft

Ich muss es ihm sagen,
aber wie?,
oder besser schweigen?,
aber darf ich das?,
schweigen gegen die schreckliche Botschaft?,
aber die Wahrheit will und muss zu Tage,
sie hat mich ausgesucht, sie auszusprechen,
aber warum mich?,
ich nehme den Auftrag an,
aber wie soll ich es tun?,
ich tue es für ihn,
aber habe ich die Kraft?,
aber hat die Wahrheit ihn gefragt?
Sage kein einziges Wort,
meine Augen und die Stille tun es,
die schreckliche Nachricht ist übermittelt,
aber unsere Hände lassen sich nicht mehr los
und sind nun für immer verbunden.

Jalid Sehouli

Das Umfeld: Angehörige als Verbündete gewinnen

Auf den ersten Blick scheint es besser zu sein, ein so schwieriges Gespräch nicht allein mit dem Patienten zu führen, sondern eine weitere enge Bezugsperson hinzuzunehmen. Anschließend mit jemandem über das Gesagte sprechen zu können, tut dem Empfänger der Nachricht gut. Vielleicht hat die dritte Person auch mehr gehört und verstanden, weil sie emotional nicht so betroffen ist wie der Patient selbst. Zudem muss der Patient dann nicht später das Gespräch noch einmal nacherzählen und kann es vielleicht sogar nur lückenhaft wiedergeben, weil er sich nicht mehr an alles erinnert.

Insofern scheint die Sache klar – der Patient sollte eine Begleitperson dabei haben. Spontan würden dem die meisten zustimmen, und es hat ja auch Vorteile. Aber eben auch Nachteile. Sicher ist, dass die Aufmerksamkeit des Arztes durch die Anwesenheit einer weiteren (betroffenen) Person aufgeteilt wird. Das heißt, der Patient hat nicht mehr den ungeteilten Augenkontakt, die ungeteilte Wahrnehmung der Gefühle, die dann deutlich werden. Zudem kann der Dritte im Raum schockiert sein – vielleicht sogar schockierter als der Betroffene – und unerwartet reagieren. Dann muss sich der Arzt – oder noch schlimmer: der Patient – womöglich erst einmal um die Begleitperson kümmern.

Außerdem werden die Fragen und Antworten andere sein: Für den Patienten stehen die Gewissheiten, die bleiben, und die Ungewissheit *einer Zukunft mit der Krankheit* – von Symptomen über den möglichen Verlust einiger Körperfunktionen und damit von Selbstwertgefühl – im Vordergrund. Für den

Angehörigen ist es dagegen das sofortige Nachdenken *über die Folgen*, die quälende Fragen aufwerfen.

Dazu ein Beispiel: Die Patientin, die in diesem Gespräch erfährt, dass sie Brustkrebs und disseminierte (also bereits gestreute) Lungenmetastasen hat, fragt sich, wie sie die Schmerzen und übrigen Leiden aushalten wird. Auch stellt sie sich selbst »die eine Frage«, von der wir zuvor sprachen: Wie lange habe ich noch zu leben? Ihr Mann dagegen wird sich sehr schnell fragen, wie er mit drei kleinen Kindern zurechtkommen soll, wenn sie nicht mehr da ist. Es ist ganz natürlich, dass jeder zunächst einmal an die Folgen für sich selbst denkt. Wenn dann aber der Ehemann beispielsweise den Arzt fragt: »Was bedeutet das konkret für mich?«, kann das bei seiner Frau ein Gefühl großer Enttäuschung und Verlassenheit, vielleicht auch Zorn hervorrufen.

Wir dürfen Angehörige nicht als natürliches Supportsystem für die Patientin ansehen, sondern sollten wissen, dass sie selbst sehr oft äußerst betroffen sind und dass es ihnen manchmal schlechter geht als den Patienten selbst. Angehörige und Freunde sind direkt und unmittelbar in die schlechte Nachricht involviert und haben häufig keine Möglichkeit, sich zurückzuziehen oder abzugrenzen. Wenn es eine wohltuende, von Nähe geprägte, solidarische Beziehung ist, leidet der Partner mit. Ist sie das nicht, können alte, ungute Beziehungsmuster, die mit Schuld- und Rachegefühlen verbunden sind, sowie verstärkte Abhängigkeitsängste aktiviert werden, die zusätzlich belasten. In beiden Fällen werden Fragen aus unterschiedlichen Gründen in einem gemeinsamen Gesprächstermin nicht oder eben anders gestellt als in einem Einzelgespräch. Deshalb ist es hilfreich, den Wunsch nach Teilnahme einer weiteren Person am Gespräch im Vorfeld zu klären und dafür zu sorgen, dass, sollte das Gespräch nur zwischen Patient und Arzt stattfinden, in jedem Fall danach eine dritte Person zum »Auffangen« erreichbar oder schon in der Nähe ist. Das Ziel muss sein, die Angehörigen als Verbündete zu gewinnen.

Die meisten Angehörigen möchten die Patientin unterstützen, wissen aber nicht, wie sie das am besten tun können. Ein großer Teil der Angehörigen braucht zudem selbst psychologische und psychosoziale Unterstützung – auch dafür sollte man als Arzt Anlaufstellen benennen können.

Immer wieder entwickeln sich aufgrund der Stresssituation auch Konflikte innerhalb der Familien, was dazu führt, dass die Einbindung von Angehörigen nicht unterstützend, sondern eher noch erschwerend für die Patienten wirkt. Daher sollte man die Betroffenen zuerst – und unter vier Augen! – fragen, ob sie diese Einbindung möchten.

Ich treffe eine 44-jährige Patientin, die ich vor einigen Wochen wegen eines Darmverschlusses operieren musste. Es geht ihr schon viel besser, aber sie hat weiter Schwierigkeiten beim Essen und Trinken. Sie kann nur kleine Happen essen, ihr wird schnell übel und der Darm ist sehr träge. Der Darmverschluss war kurz nach Ende der Chemotherapie aufgetreten, es zeigte sich leider ein großflächiger Befall des Peritoneums, des Bauchfells, der Verschiebehaut der Bauchorgane und der Bauchwand. Sie will alles tun, um endlich gesund zu werden und den Krebs, der nach der Erstdiagnose vor zwei Jahren trotz der neuen Chemotherapie wieder ausgebrochen ist, endgültig besiegen. »Ich muss gesund werden«, sagt sie.

»Wie geht es Ihren Eltern?«, frage ich.

»An sich ganz gut, danke, dass Sie nachfragen«, antwortet sie.

»Haben Sie Ihren Eltern inzwischen gesagt, dass Sie eine schwere Krebserkrankung haben?«, hake ich nach. Wir hatten das vor einigen Monaten bereits kurz thematisiert.

»Nein«, antwortet sie. »Ich kann es nicht, meine Eltern würden geächtet werden.«

»Geächtet?«, entfährt es mir ungläubig.

»Ja, geächtet. Sie leben in einem sehr kleinen Dorf, das ist dort so. Und gestern, als ich meiner Mutter erzählte, dass ich wegen einer harmlosen Magen-Darm-Sache im Krankenhaus bin, meinte sie, dass ich doch selbst schuld daran sei, da ich es ja so mit dem Essen und meinen Diäten übertreibe. Sie gibt mir immer die Schuld, das war schon immer so. Daher muss ich den Krebs besiegen, trotz der geringen Chancen auf Heilung. Ich kann es meiner Mutter einfach nicht sagen.«

Ich versuche sie wieder zu ermutigen, es ihren Eltern zu sagen. Menschen, die man liebt, die einen gut kennen, mit denen man viel verbindet, haben auch ein Recht darauf, die Wahrheit zu kennen. Und es könnte sie auch psychisch entlasten, sie könnte wenigstens das Geheimnis loswerden – wenn schon die Krankheit nicht so einfach loszuwerden ist. »Und die Energie, die Sie aufbringen, die Krankheit und die Wahrheit zu verbergen, können Sie doch für andere Dinge nutzen«, füge ich an. Sie schaut mich traurig an, lächelt etwas angestrengt und verabschiedet sich, da sie zu einem wichtigen Untersuchungstermin abgerufen wird.

Für den Arzt ist es sehr schwer, eine auf alle Situationen passende Handlungsempfehlung parat zu haben. Und wir können uns auch täuschen. Letztlich ist der Wille des Patienten ausschlaggebend. Er hat die Verantwortung zu entscheiden, wer wann wie informiert werden soll. Der Arzt kann dem

Patienten aber helfen, sich diese Entscheidung und die Verantwortung bewusst zu machen. Von den Erfahrungen mit dem Umgang von Patienten in der gleichen Situation zu profitieren. Diese Erfahrung kann man als Arzt anbieten. Niemals jedoch sollte der Arzt einfach ohne Zustimmung des Patienten selbst Angehörige oder Bekannte informieren und instruieren, auch wenn es in guter Absicht geschieht. »Wir können den Wind nicht ändern, aber die Segel anders setzen.«

Dieser Satz von Aristoteles ist mein Leitspruch für diese Fälle, und ich versuche ihn mir in solchen Situationen immer wieder in Erinnerung zu rufen. Er hilft mir vor allem auch dabei, meine eigene Haltung, meine eigenen Interessen nicht über die des Patienten zu stellen. Nur weil ich der behandelnde Arzt bin, bestimme ich nicht jeden Schritt. Weder bei der Therapie noch im Gespräch. Ein besonders heikler Punkt für viele Mediziner und Therapeuten ist folgender: Menschen, die eine schlechte Nachricht erhalten haben, informieren sich meist zeitnah, häufig sogar erst einmal eher anonym über alles Weitere. Verschiedene Untersuchungen zeigen, dass über 70 Prozent der Patienten dazu das Internet nutzen oder sich eine Zweitmeinung bei einem anderen Arzt holen. Das Suchen nach Orientierung und Information sollte vom Arzt nicht als Kränkung und Zweifel an seiner ärztlichen Kompetenz verstanden werden, sondern eher als eine Art von konstruktivem Umgang mit der schlechten Nachricht bzw. der Erkrankung. Häufig wird es sehr positiv von den Betroffenen bewertet, wenn der Arzt praktische Hilfen wie Adressen oder Informationsmaterialien aushändigt, ohne dass diese im Detail beim Gespräch bearbeitet werden müssen. Sinnvoll ist es auch, von sich aus, ohne dass der Patient danach fragen muss (das kostet ihn nämlich im Zweifel Überwindung), Anlaufstellen für eine zweite Meinung zu nennen. Nach unserer Studie in der Charité wünschen sich dies über 90 Prozent der Patientinnen mit Brustkrebs, aber nur ein Viertel kennt entsprechende Adressen.

Spätestens zum Ende des Gesprächs hin ist es hilfreich, sich Gedanken zum »danach« zu machen. Ideal wäre, wenn man schon im Vorfeld Informationen und Möglichkeiten zusammenträgt oder vielleicht standardmäßig bereithält. In welche Lebenssituation kehrt der Patient, der Mensch zurück, wie ist das Umfeld, wer kann wie helfen? Welche persönlichen Ressourcen und Hilfen von anderen Menschen können hilfreich beim Umgang mit der schlechten Nachricht sein? Dieses Wissen, diese Möglichkeiten können auch den eigentlichen Überbringer der schlechten Nachricht entlasten, der häufig nur das Gespräch im Fokus hat und das Gefühl, die einzige Unterstützungsquelle zu sein. Der Arzt neigt dann dazu, alle Sorgen auf seiner Schulter tragen zu wollen – ein Unterfangen, das von Anfang an zum Scheitern verurteilt ist.

Existieren im direkten Umfeld menschliche, soziale oder technische Ressourcen? Über Verwandte und nahestehende Personen habe ich schon gesprochen. Auch über eine Zweit- oder Drittmeinung; Stellen, an die sich der Patient wenden kann. Vielleicht ist es sogar möglich, vonseiten des Krankenhaus- oder städtischen Sozialdienstes eine besondere Betreuung zu organisieren.

Was hilft den Menschen, schlechte Nachrichten zu verarbeiten?

Unlängst traf ich eine mir sehr vertraute Patientin, die sich inzwischen von der Operation und der anstrengenden Chemotherapie erholt hatte. Sie sah elegant aus, trug wieder volles Haar, Blau war heute ihr Modemotto, selbst die Brille war in Azurblau getönt. Ich fragte sie nach der bisher schlechtesten Nachricht in ihrem Leben. »Die Diagnose Krebs«, antwortete sie, als ob sie meine Frage bereits seit Tagen erwartet hätte.

»Und was hat Ihnen geholfen, das zu verarbeiten?«, fragte ich.

»Meine Kinder und Tennis.«

Das mit den Kindern verstehe ich, aber Tennis? »Spielen Sie denn selbst Tennis?«, fragte ich.

»Nein, aber ich bin Sportlehrerin, und Tennis zu schauen liebe ich. Nachrichten und schlechte Filme wollte ich in dieser Zeit nicht sehen, im Tennis geht es aber nur um Gewinnen oder Verlieren. Genau so, wie ich gerade nach der Diagnose Krebs überlegte, ob ich gewinnen kann oder verlieren werde. Es half mir, ich freute mich über die Sieger. Und außerdem konnte ich dabei allein sein. Ich musste allein sein und meinen Weg erst verstehen, und da ich mir alle Tennisspiele anschauen wollte, hatte ich eine Ausrede, mich von den gut gemeinten, aber für mich anstrengenden Ratschlägen abzugrenzen.«

Dieses Beispiel macht deutlich, dass es kein Patentrezept für alle Menschen geben kann, wie sie am besten mit einer schlechten Nachricht umgehen sollten. Zu individuell sind die jeweiligen, zum Teil schon in früher Kindheit und Jugend angeeigneten und sozialisierten Verarbeitungsstrategien.

Diese gilt es, sich bewusst zu machen. Ist es die Begegnung mit Menschen, was mir jetzt am meisten hilft? Oder die Bewegung beim Sport? Oder doch das Malen, Töpfern oder Schreiben? Als Arzt kann man nur Hilfestellungen geben, dem auf die Spur zu kommen, was dem Patienten in dieser Hinsicht am ehesten helfen kann. Aber die Erfahrung zeigt, dass Menschen, die in einer derart existenziellen Lebenssituation sind, meistens sehr genau wissen, was für sie das Beste ist. Dem können wir vertrauen.

Wichtig ist dabei einzuschätzen, wie resilient ein Patient ist – und zwar am besten *vor* dem schwierigen Gespräch. Der Begriff Resilienz (von latenisch resilire = abprallen, zurückspringen) stammt an sich aus der physikalischen Materialforschung und beschreibt hochelastische Werkstoffe, die nach der Verformung in ihre Ursprungsform zurückkehren können. Diese Kraft, sich anzupassen, ohne sich verbiegen zu lassen und seine Grundhaltung zu verlieren, wurde dann auf die Schutzmechanismen des Menschen übertragen. Resilienz meint also die Fähigkeit, krisenhafte Lebenssituationen zu bewältigen, ohne den Lebensmut zu verlieren und an den Schwierigkeiten zu zerbrechen. Diese psychische Widerstandsfähigkeit resultiert vor allem daraus, dass der Betroffene auf persönliche und sozial vermittelte Ressourcen zur Krisenbewältigung zurückgreifen kann. Grundsätzlich hat jeder Mensch die Anlagen, Krisen zu überstehen, manche haben aber mehr, manche weniger Potenzial an Resilienz.

Die Wissenschaft versucht seit Jahren zu erforschen, was die Faktoren sind, die Resilienz begünstigen bzw. beeinträchtigen, ohne dass bisher alle Fragen beantwortet werden konnten. Die Kindheit und alle sozialen Kontakte scheinen dabei wesentlichen Einfluss zu haben. Rückhalt, Bestätigung, Beständigkeit, Raum, Vertrauen und Zutrauen werden dabei als die wesentlichen Themen in der wissenschaftlichen Literatur diskutiert.

Resiliente Menschen scheinen sich der Stärken ihrer Persönlichkeit und der Fähigkeiten ihres aktiven Handelns bewusster zu sein als Menschen, die wenig Resilienz besitzen. Ferner scheinen sie eine grundsätzlich positive bzw. nicht sofort bewertende Haltung gegenüber schwierigen Lebenslagen einzunehmen. So schaffen sie es, schnell eine Krise relativ als Herausforderung und Möglichkeit zur eigenen Stärkung zu deuten. Dadurch gelingt es ihnen, sich besser aus der Opferrolle zu lösen.

Sich seiner eigenen Resilienz bewusst zu werden kann somit helfen, schlechte Nachrichten zu verarbeiten. Für den Überbringer bedeutet das, die Möglichkeiten, die der Patient bzw. der Empfänger der schlechten Nachrichten hat, bewusst zu machen. Doch auch im Hinblick auf den professionellen Überbringer von schlechten Nachrichten ist die Frage nach der Resilienz bedeutsam, um sich selbst von der emotional belastenden Situation abgrenzen und sich anschließend wieder erholen zu können. Dabei können Fragen helfen wie: Wie kann ich meine Widerstandskraft in allen Bereichen meiner Gesundheit stärken? Was hat bisher meine Widerstandskraft, meine Resilienz gefördert?

Die schlechte Nachricht stürzt den Betroffenen häufig in eine tiefe Trauer, die manchmal sogar in eine vorübergehende Desorientiertheit übergeht. Dennoch sollte man als Überbringer der Nachricht versuchen, den Patienten dabei zu unterstützen, wieder selbst aktiv tätig zu werden und damit das Gefühl zu bekommen, die Situation in irgendeiner Weise kontrollieren zu können, sie in der Hand zu haben. Diese Art von Unterstützung kann darin bestehen, dass man einen verbindlichen Folgetermin anbietet oder eine Überweisung, z. B. an einen anderen Fachexperten, organisiert. Vielleicht hat der Patient auch selbst Ideen, was ihm helfen könnte oder was er sich an Unterstützung wünscht.

Mögliche Fragen dazu sind: »Wie kann ich Ihnen jetzt am besten helfen? Wobei brauchen Sie Unterstützung? Soll ich eine Ihnen wichtige Person kontaktieren? Wie kommen Sie jetzt nach Hause? Kann jemand Sie abholen? Was erwartet Sie jetzt zu Hause / im Beruf, wenn Sie zurückkehren?« Zudem können Fragen nach den Auswirkungen der schlechten Nachricht auf die Familie oder Freunde oder nach Zukunftsperspektiven dem Patienten helfen, für ihn relevante Aspekte zu priorisieren.

Hat man als Arzt die schlimme Diagnose ausgesprochen, ist es wichtig, im folgenden Gespräch dem Patienten immer wieder Raum zu lassen, Pausen zu machen und auf Gefühle einzugehen, die man an seinem Gegenüber wahrnimmt. Man kann zum Beispiel sagen: »Das ist jetzt für Sie sehr schwer.« Und dann erst einmal eine Pause machen, bevor man weiterspricht. In allen unseren Feedbackgesprächen werden Pausen von den Simulationspatienten als eines der wichtigsten und hilfreichsten Instrumente im Gespräch benannt.

Als sehr ungünstig wird immer wieder von den Simulationspatienten der folgende Satz des Arztes wahrgenommen: »Ich weiß, wie schwer das für Sie ist.« Den meisten erscheint dies als oberflächliche Floskel, die keinen Trost spendet, sondern eher sogar Wut auslösen kann. »Was wissen Sie denn, was das für mich und mein Leben jetzt bedeutet, Sie als Arzt in Ihrem gesellschaftlichen Stand und mit Ihrer Gesundheit!

Sie haben doch gar keine Ahnung, was das für mich bedeutet!«, sagte eine unserer Simulationspatientinnen, als wir sie in der Feedbackrunde nach ihren nicht ausgesprochenen Gedanken fragten.

Ein anderes Beispiel aus einem Simulationsgespräch – wir hatten folgende Situation vorgegeben: Eine 78-jährige Patientin hat gerade erfahren, dass sie eine sehr aggressive Form von Blutkrebs im Endstadium hat. Sie schluckt hörbar, schaut auf die offene Tür und sagt: »Frau Doktor, ich habe Angst!« Die Ärztin konzentriert sich voll auf das Wort »Angst«. Ohne eine Nachfrage zu stellen, antwortet sie daher: »Angst? Nein, Sie brauchen keine Angst zu haben, da gibt es noch viele Behandlungsmöglichkeiten.« Bei der Nachbesprechung sagt die Simulationspatientin, dass dieser Satz sie überhaupt nicht erreicht hat, sie wie gelähmt war, sich vom Schicksal ungerecht behandelt fühlte und als Erstes an ihren kranken Mann denken musste. Sie fragte sich, was aus ihm werden sollte, wenn sie sterben müsste. Ihre Angst, dass ihr Mann nicht versorgt wäre, war größer als die Angst vor dem eigenen Tod. Weil die Ärztin aber nicht nachfragte und stattdessen selbst interpretierte, was die Angst der Patientin war, und deshalb auf die Behandlungsmöglichkeiten hinwies, konnte die Sorge um den geliebten Mann nicht einmal thematisiert werden. Fragen wie: »Angst wovor?« oder »Worüber machen Sie sich gerade Sorgen?« hätten die Patientin darin unterstützt, die Angst etwas zu konkretisieren und zu benennen. Dann ist es einfacher, damit umzugehen bzw. etwas gegen die Ängste zu unternehmen.

Als junger Oberarzt musste ich vor einigen Jahren einer noch jungen Patientin mit fortgeschrittenem und bereits massiv vortherapiertem Gebärmutterhalskrebs die ungünstigen Befunde der Zwischenuntersuchungen ihrer dritten Chemotherapie übermitteln. Ihr Mann war Fußballprofi und konnte daher nur selten bei den Behandlungen dabei sein. Die Patientin hatte so viel Hoffnung in die belastende Therapie gesetzt, wollte alles tun, um ihr neunjähriges Kind aufwachsen zu sehen. Begleitet von einer jungen Ärztin suchte ich sie in ihrem Zimmer auf, sie hatte gerade Besuch von ihrer Mutter. Auch der Nachbarin ging es nicht gut. Daher fragte ich die Patientin, ob sie trotz ihres geschwollenen rechten Beines mit uns in ein Besprechungszimmer kommen könnte. Sie schaute mich mit großen Augen an und versuchte trotz ihrer Angst, die ich in ihrem Gesicht sehen konnte, freundlich zu lächeln. Sie antwortete mit lauter Stimme »Ja!«

Wir mussten etwa fünfzehn lange Meter gehen und mir fiel nichts ein, was ich auf diesem Weg hätte sagen können. Die junge Ärztin wusste, dass wir in wenigen Sekunden die schlechten Befunde verkünden würden. Sie hatte ein gutes Verhältnis zu der Patientin, sie mochten wohl auch die gleiche Musik. Und wenn die junge Ärztin nach ihrem Nachtdienst frei hatte, erkundigte sie sich regelmäßig nach der jungen Frau mit dem unheilbaren Gebärmutterhalskrebs. Endlich kamen wir an. Wir mussten dann aber noch einmal einen anderen Raum suchen, da das Besprechungszimmer besetzt war. Als ich die Tür ohne Anklopfen öffnete, spürte ich: Auch hier gab es gerade keine guten Nachrichten. Wir gingen in das benachbarte Untersuchungszimmer, es war deutlich kleiner und hatte leider keine Fenster, Dinge, die mir in diesem Moment jedoch nicht auffielen. Wir setzten uns, eine der Krankenschwestern schlüpfte noch schnell zu uns ins Zimmer.

Nur die Patientin und ich saßen, die Mutter, die Krankenschwester und die junge Ärztin standen und berührten die Schultern und die Hände der Patientin. Sie schaute mich an, ließ meinen Blick nicht mehr los und fragte: »Und, wie sind die Ergebnisse? Es ist doch alles kleiner geworden, oder? Sagen Sie es mir!« Ich holte tief Luft und hoffte, dass es keiner bemerkte. »Ich muss Ihnen leider etwas anderes mitteilen.« Dann zwang ich mich, eine kleine Pause einzulegen. »Die Befunde nach den drei Zyklen der Chemotherapie sind nicht gut.« Wieder machte ich eine kleine Sprechpause. »Der Gebärmutterhalskrebs ist leider weitergewachsen.« Die Patientin schrie: »Waaaaas?« Und dann: »Soll ich denn jetzt sterben?«

Ich biss mir auf die Zunge, um nicht zu antworten, nicht zu sagen, dass wir doch alle sterben müssen, dass dies unser aller Schicksal ist und dass das Leben nicht immer gerecht ist. Ich biss stärker und stärker auf meine Zunge, alle weinten: die Patientin, die Mutter, die Krankenschwester und die junge Ärztin. Ich fühlte mich schlecht, weil ich zwar traurig war, aber nicht mit ihnen weinte. Ich fühlte mich irgendwie als Täter, als Krankheitsverursacher, dabei war ich doch nur der Überbringer der schlechten Nachricht. Ich hatte ihr zur letzten Therapie geraten und mit ihr darauf gehofft, dass sich dadurch etwas zum Besseren wenden würde, auch wenn die Chancen gering waren. Sie hatte sich trotz der Nebenwirkungen und der Symptome der Krebserkrankung durch die Therapie gekämpft und wollte nun ihre Belohnung abholen. Hatte ich ihr zu viel versprochen? Hatte ich ihr Zeit, wertvolle Lebenszeit gestohlen? Die Situation zerriss mich fast. Auch fühlte ich mich nicht in der Lage, die Patientin zu berühren, weil ich sie noch nie berührt hatte, ich traf sie immer nur, wenn es um die nächste Therapie ging. Nur selten kam es zum Händedruck. Angst erzwingt manchmal eine ungewollte Distanz.

Der dumpfe Schmerz in meiner Zunge ließ nach, ich versuchte innerlich, die wenigen Sekunden zu zählen, um die erste Reaktion der Patientin abzuwarten. Es kam mir wie eine Ewigkeit vor, ich konnte ihr kaum ins Gesicht sehen. Wie eine weinende Menschentraube standen alle übrigen umschlungen da. Dann kam doch die erhoffte Reaktion: »Und was nun?« Ich fragte: »Wollen Sie das Gespräch nun weiterführen oder wollen wir es zu einem späteren Zeitpunkt fortsetzen?« »Jetzt!«, sagte sie, »aber alle anderen müssen bitte den Raum verlassen.« »Alle?«, fragte ich nach. »Ja, alle, außer Ihnen!«

Die Mutter, die Krankenschwester und die junge Ärztin verließen das Untersuchungszimmer, alle warfen ihr noch einen kurzen, traurigen Blick zu, respektierten aber ihren Wunsch. Als wir allein waren, fragte ich: »Warum wollten Sie, dass alle den Raum verlassen, sie machen sich große Sorgen um Sie. Und alle haben Anteil genommen an der schlechten Nachricht, selbst die Ärztin, die sich immer um Sie kümmert.« »Ja, das ist alles richtig«, antwortete sie, »aber sie haben genauso geweint wie ich. Das ist toll, doch sie können mir jetzt nicht helfen. Bitte sagen Sie mir: Was kann ich noch tun?«

Wie die junge Frau in diesem Beispiel auf die für sie katastrophale Diagnose reagierte, war sicher ungewöhnlich. Aber nicht völlig außergewöhnlich. Es gibt in dieser Hinsicht keinen schematisierten Ablauf, man kann sich nicht auf ein bestimmtes Reaktionsmuster einstellen. Andererseits braucht man aber auch keine Angst zu haben, dass Patienten unmittelbar nach der Übermittlung der schlechten Nachricht körperlich aggressiv werden. Meist sind sie eher wie gelähmt und haben das Gefühl, dass es ihnen den Boden unter den Füßen wegreißt. Nur ein Mal in meinem Berufsleben habe ich es erlebt, dass eine Patientin nach der Übermittlung der Diagnose aufstand, auf die Tür einschlug, um sich dann hinzulegen und zu weinen. Immer wieder liest man aber in der Presse, dass Patienten Ärzte zu einem späteren Zeitpunkt – Tage oder Wochen nach der Diagnose – angreifen. Nach einer Studie der Technischen Universität München wurde jeder vierte Hausarzt im Lauf seines Berufslebens mindestens einmal von Patienten angegriffen. Was der tatsächliche Grund dieser Überfälle auf Ärzte in Kliniken und Praxen ist, ist jedoch bis heute nicht wissenschaftlich geklärt. Sind es Schwierigkeiten in der Kommunikation, der Krankheitsbewältigung oder vermutete Behandlungsfehler?

Bei der Übermittlung der schlechten Nachricht können Patienten und ihre Angehörigen jedoch auch mit körperlichen Symptomen reagieren. Ich habe die plötzliche Zunahme von Schmerzen und sogar leichte Ohnmachtsanfälle erlebt. Diese waren aber nicht wirklich gefährlich. Man sollte Ruhe bewahren und darauf achten, dass die betreffende Person sich beim Sturz nicht verletzt. Dann sollte man sie flach auf den Boden und die Beine hochlegen, es handelt sich meist um eine sogenannte vagovasale Synkope. Eine Synkope ist eine plötzlich auftretende und sehr kurz andauernde Art der Bewusstlosigkeit, die im Allgemeinen mit einem Verlust der Haltungskontrolle einhergeht. Vorübergehend wird das Gehirn weniger durchblutet als gewöhnlich. Dafür können bestimmte Reize wie psychischer Stress, aber auch Kälte oder Schmerzen Auslöser sein. In den beiden Fällen, die ich in meiner Laufbahn als Arzt erlebte, konnten wir, als die Patienten wieder zu sich gekommen waren, auf ihren Wunsch hin das Gespräch wieder aufnehmen und mit einem guten Gefühl auf beiden Seiten zu Ende führen.

Wenn ich meine Kollegen, aber auch mich selbst, bei Gesprächen mit Patienten beobachte, fällt mir immer wieder auf, dass trotz der Routine, die wir haben, immer eine gewisse Anspannung zu spüren ist. Selbst wenn der Arzt darin geschult und unterwiesen ist, kurze, einfache Sätze einzusetzen, werden häufig unscharfe Formulierungen und viele Fachbegriffe verwendet, die der Patient nicht verstehen kann, bei denen er sich aber auch nicht traut nachzufragen. Die meisten Patienten lassen den Arzt einfach reden und hoffen wohl, das Entscheidende doch irgendwie zu verstehen.

Vor einiger Zeit kam eine langjährige Patientin zur Nachuntersuchung. Sie hat schon viele schwere Schicksalsschläge hinter sich: Ihr Mann starb unerwartet nach einer Operation, ihre geliebte Tante starb an einem Herzinfarkt und ihre Enkelin bei einem Flugzeugabsturz. Sie war vor über fünfzehn Jahren an Brustkrebs erkrankt, vor fünf Jahren zusätzlich an Eierstockkrebs. Jetzt kam es völlig untypisch nach einer so langen Zeit zu einem Rückfall. Normalerweise treten derartige Rückfälle – man spricht von Rezidiven – innerhalb von fünf Jahren auf. Nun hatte der Krebs bei ihr die Lunge und die Leber befallen. Sie wurde zu diesem Zeitpunkt mit einer Antikörpertherapie behandelt, die sie gut vertrug: Kein Haarausfall und Blutwerte im Normbereich, nur die körperliche Schwäche machte ihr zu schaffen. Die Knochenuntersuchung konnte erfreulicherweise Metastasen ausschließen. Wir freuten uns über den Befund, auch wenn dieser keinen wesentlichen Einfluss auf die sehr ernste Prognose hatte.

Ich fragte sie nach der schlimmsten Nachricht ihres Lebens, wenn man das überhaupt so sagen könnte. Wir kannten uns schon sehr lange, daher erlaubte ich mir diese Frage und sie mir meine Neugier. »Der Tod meines Mannes!«, sagte sie sofort.

»Warum?«, fragte ich zurück.

»Weil ich zu ihm das engste Verhältnis hatte und der Tod völlig unerwartet kam: ein Anruf, mitten in der Nacht, von einem jungen Arzt. Er sagte, es tue ihm leid, und ich könne es mir aussuchen ob ich jetzt gleich oder erst morgen zu meinem verstorbenen Mann kommen möchte. Ich war gelähmt, unter Schock. Und fuhr natürlich sofort mit dem Taxi hin. Als ich auf die Station kam, lag mein Mann tot im Bett. Der Nachbar war auch sehr krank, wohl etwas verwirrt, sein Bett war durch eine spanische Wand abgetrennt. Ich konnte nicht viel sagen. Der junge Arzt weinte, als er mich sah. Ich konnte in diesem Moment nicht weinen.«

»Und wie haben Sie es empfunden, als der junge Arzt weinte?«, fragte ich.

»Ich war etwas berührt, aber noch mehr wütend.«

»Wütend, warum?«, wollte ich wissen.

»Weil ich selbst Hilfe brauchte, aber niemand mich fragte, wie ich nach Hause komme, wie es mit mir in dieser Nacht weitergeht. Der junge Arzt gab mir die Tasche meines Mannes und fragte mich, ob ich einer Obduktion zustimmen würde. Ich sagte Ja, ohne Ja zu meinen. Dann fuhr ich nach Hause und meine Wut wurde größer. Ich konnte mich nicht von meinem Ehemann verabschieden, ich konnte es aber im Krankenhaus auch nicht einfordern, war einfach zu schwach.« Die Wut blockierte meine Trauer.

Menschliche Beziehungen sind nicht nur für Gesunde wichtig, sondern auch für unheilbar Erkrankte. Das wird jeder nachvollziehen können, vielleicht klingt es sogar ein wenig banal. Aber es ist eben besonders zu berücksichtigen, wenn wir es mit Patienten zu tun haben, deren Lebensperspektive sehr eingeschränkt ist. Da kann die Beziehung zum Partner oder einem Freund oder den Kindern sogar die medizinische Prognose beeinflussen. Bereits drei Mal habe ich zum Beispiel erlebt, dass Patientinnen, die schon seit Jahren unheilbar an Krebs erkrankt waren, noch am Tag ihres Todes geheiratet haben. Besonders eindrücklich ist mir etwa die 33-jährige Postbeamtin in Erinnerung geblieben, die an Brustkrebs mit Metastasen in der Leber und Lunge immer wieder ihrer Familie und ihrem Freundeskreis versprach, dass sie nur mit voller Haarpracht vor dem Altar stehen werde. Daher müsse sie erst geheilt werden, ehe sie das tun könnte. Und das, obwohl die Ärzte immer wieder betonten, dass dies ein nur sehr schwer zu erfüllender Wunsch sei. Ich hörte als junger Arzt bei den Gesprächen der Oberärzte genau zu und bemerkte, wie sehr sie es vermieden, die Wahrheit direkt auszusprechen und sich stattdessen an dem ihrem Traum beteiligten.

»Na klar, wir singen dann alle zur Hochzeit im Chor mit«, sagte der Oberarzt bei der Visite.

Als die Leber ihre Entgiftungsfunktion im Körper nicht mehr erfüllen konnte, die Patientin bereits Gelbsucht entwickelte und sie aufgrund der Lungenmetastasen trotz Sauerstoffgerät nur mit großer Anstrengung sprechen konnte, bat sie darum, die Hochzeit auf der Krankenstation zu organisieren. Sie wollte diesen Moment unbedingt noch vor ihrem Abschied erleben. Die Hochzeit war ihr letzter Wunsch.

Solche letzten Ziele können dabei helfen, loslassen zu lernen. Aus Sicht des Patienten und seiner Angehörigen. Dieser Moment des Loslassens beeindruckt mich immer wieder. Er ist traurig und hat doch eine Größe, etwas Erhabenes.

Ich komme gerade von der Beerdigung einer Patientin, sie war nun nach vielen Jahren Krankheit an Eierstockkrebs gestorben. Eine außergewöhnliche Frau. Trotz der vielen Rückschläge – der Krebs brach immer wieder aus – war sie stets positiv, organisierte außergewöhnliche Vernissagen in ihrem Haus in Potsdam, spielte in Aufklärungsfilmen für Betroffene und Angehörige mit, war so achtsam, aufmerksam und lebensklug. Ich freute mich auf jede unserer Begegnungen, in denen es nur zum Teil um die medizinischen Befunde und mehr um das Leben an sich und seine Möglichkeiten ging. Niemand sah ihr von außen die schwere Krankheit und die Spuren der Krebstherapien an. Sie wusste immer, was sie wollte und was sie nicht wollte. Auch in den letzten Tagen, als sie mir sagte, dass sie nun keine Therapie mehr gegen den wachsenden Krebs auf sich nehmen wolle, sagte sie mir, dass alle ihre Entscheidungen in der Krebstherapie für sie richtig und auch erfolgreich waren. Sie habe wunderbare Dinge erlebt und bewirkt, aber jetzt wolle sie einfach nur schlafen. Sie bat ihre Tochter, ihren Urlaub in Kreta abzubrechen und zu ihr nach Berlin ins Krankenhaus zu kommen. Die Tochter kam, wenige Stunden später schlief meine Patientin für immer ein.

Der Sturz

Ich treffe eine gute Bekannte, sie hat vor einigen Monaten ihren Sohn verloren, er war erst 35 Jahre alt. Mit sechzehn war er noch Klassenbester, dann veränderte eine Krankheit seine Persönlichkeit. Er bekam mehr und mehr Schwierigkeiten, sich zurechtzufinden und war von einer unglaublichen Unruhe getrieben. Er las Tag und Nacht

Bücher über das Leben nach dem Tod, war mit seinem Leben nicht zufrieden. Meine Bekannte kam aber nicht an ihn heran, auch niemand anders. Die Ärzte diagnostizierten Schizophrenie und verschrieben ihm starke Medikamente. Insgesamt vier Mal sprang er aus dem Fenster, wollte sich das Leben nehmen. Der vorletzte Sturz aus der ersten Etage seiner Wohnung war besonders schlimm. Er brach sich unzählige Knochen und konnte nicht mehr laufen, war an den Rollstuhl gefesselt. Und dann sprang er wieder.

Er lebte in Stuttgart, sein Vater in Osnabrück, meine Bekannte in Berlin – sie hatten sich vor Jahren scheiden lassen. Nun war ihr Sohn tot. Es war sein letzter Sprung. Man fand ihn um sechs Uhr morgens auf der Straße. Die Angehörigen vor Ort versuchten zunächst, den Partner der Mutter zu erreichen, sie hatten zu große Angst davor, es der Mutter zu sagen. Er war jedoch in einer Sitzung und daher nicht erreichbar. Also wurde doch die Mutter verständigt. Sie konnte nicht atmen, obwohl sie eigentlich jederzeit mit einem solchen Anruf gerechnet hatte. Ohne ein Wort zu sagen, legte sie auf. Dann wählte sie die Nummer ihres Partners. »Angelo, ich muss nach Stuttgart, sofort, mein Sohn ist wieder gesprungen.«

»Ja klar, ich organisiere sofort einen Flug und komme gleich zu dir«, antwortete er. Nach einigen Minuten bemerkte er, dass es diesmal irgendwie anders war als bei den anderen Unfällen zuvor. Er rief sie noch einmal an. »Du hast nichts von Krankenhaus gesagt, wo ist er denn jetzt?«, fragte er. »Angelo, er ist gesprungen, zum letzten Mal«, antwortete sie.

An sich war geplant, am Tag darauf nach Sizilien zu fahren. Nun packte sie den Koffer um, nahm die Abendkleider und alle Sommersachen heraus und verschloss den halbleeren Koffer.

»Wäre es besser gewesen, wenn deine Angehörigen erst deinen Freund erreicht hätten und er dir diese Nachricht übermittelt hätte?«, frage ich sie.

»Nein, ich war dankbar, dass ich es direkt erfahren habe, er ist doch mein Kind, und ich will als Erste auch die Wahrheit hören.«

»Und was hat dir dabei geholfen?«, fragte ich weiter.

»Weinen, die Unterstützung meines Freundes und Schreiben.«

»Schreiben?«, fragte ich. »Ja, Schreiben.« Sie öffnete ihre Tasche, zog einen kleinen Zettel aus ihrem Portemonnaie und gab ihn mir. Ich entfaltete das blaue Blatt und las die Überschrift: »Der Sturz«. Ich lese die ersten Sätze des Texts: »Ich weine vor Ohnmacht, ich schreie vor Wut und ich bete für die Hoffnung, nicht immer wieder vor Wut und Ohnmacht weinen zu müssen.«

Schreiben kann helfen, die eigenen Gefühle zu artikulieren, sie sichtbar zu machen. Man spricht auch vom kreativen Schreiben, dabei geht es mehr um den Prozess der Selbstreflektion, des Dialogs mit sich selbst als um das Produkt des Schreibens. Seit über einem Jahr bieten wir in der Charité diese Möglichkeit für unsere Krebspatientinnen, aber auch für Angehörige an. Das Feedback ist enorm.

Memoiren schreiben, Tagebuch führen sind ebenfalls Instrumente des kreativen Schreibens. Darüber hinaus kann der professionelle Einsatz des therapeutischen Schreibens bei der nachhaltigen Bewältigung schlechter und existenzieller Nachrichten sehr hilfreich sein. Dabei gilt dies nicht als Konkurrenzverfahren zu psychologischen oder anderen Konzepten wie Mal-, Kunst- oder Bewegungstherapie, sondern als Ergänzung und Möglichkeit, individuell mit den Menschen in Dialog zu kommen.

Visite der Lebenserfahrung

Ich mache in der Ambulanz Visite, einmal in der Woche bin ich in der Regel hier. Ich will sehen, wie die tägliche Routine läuft. Visite kommt bekanntermaßen aus dem Lateinischen (visitare) und heißt wörtlich übersetzt »besuchen«. Ich besuche sehr gerne meine Patienten, fühle mich aber eher als Gastgeber.

Die Infusionen der Chemotherapien tröpfeln in die Venen der Patienten, um den Krebs zu bekämpfen. Sieben Frauen erhalten gerade ihre Behandlung. Es ist leise, aber immer wieder wird die Stille durch Alarmsignale der Infusionsmaschinen durchbrochen. Sie zeigen das Ende einer Infusionsflasche an. Die Frauen liegen in dunklen Sesseln und beschäftigen sich auf unterschiedliche Weise. Die eine scheint Musik zu hören, die andere isst frisches Obst, die dritte liest einen schwedischen Kriminalroman, die vierte häkelt blaue Strümpfe. Ich setze mich auf einen freien Platz, frage sie einzeln, wie es ihnen geht, und höre mir ihre Beschwerden an. Sie beeindrucken mich sehr, da sie aggressive Medikamente erhalten, aber kaum darüber klagen. Eine schöne Vertrautheit liegt in der Luft, die mich anregt, weiter zu fragen: »Was hat Ihnen geholfen, als die Nachricht, dass Sie Krebs haben, ausgesprochen wurde?«

Eine 58-jährige Patientin mit leichtem Akzent antwortet als Erste: »Meine Familie und meine Erfahrung.«

»Welche Erfahrung?«, frage ich gleich nach.

»Meine Lebenserfahrung«, antwortet sie.

»Als junges Mädchen habe ich die Hungersnot in Polen kennengelernt. Das habe ich überlebt, dann bin ich nach Deutschland gekommen und habe hier die Sprache gelernt. Das war sehr schwer, ich hatte keine Freunde, niemanden, der mir half. Ich habe mich durchgeboxt. Daher weiß ich, dass ich es trotz der Krebserkrankung weiter schaffen werde.«

»Und wann haben Sie sich diese Kraft bewusst gemacht?«, frage ich sie.

»Als die Ärzte mir vor drei Jahren sagten, ich habe Eierstockkrebs, und mir klarmachten, dass ich im Endstadium keine Chance auf Heilung hätte, war ich erschüttert und habe drei Tage meine Wohnung nicht verlassen, mit niemandem gesprochen, ich musste allein sein. An den ersten Tag kann ich mich gar nicht mehr erinnern. Der zweite Tag war voller Traurigkeit. Und am dritten Tag ging ich auf den Balkon und begann, meine Blumen zu gießen. Ich erinnerte mich an die schweren Zeiten meiner Vergangenheit.« Sie strahlt mich dabei so an, als ob sie einen Hauptgewinn in der Lotterie erhalten hätte.

Rechts neben ihr liegt eine etwa 35-jährige Patientin, sie legt ihr Buch zur Seite und sagt: »Ich habe mir selbst geholfen, niemand anderes. Als der Arzt mir die schlechte Nachricht überbrachte, bin ich in das nächste Restaurant gegangen, habe mir die teuerste Mahlzeit bestellt, ich weiß es noch ganz genau: Rehrücken mit frischen Pfifferlingen und Blaubeeren. Als Nachtisch gab es eine Waldbeeren-Mousse. Danach schaute ich in meinen kleinen, goldenen barocken Handspiegel, den ich damals von meiner Oma geschenkt bekam und immer bei mir habe. »Willst du leben oder jetzt sterben?«, flüsterte ich an meinem Tisch, um die Tischnachbarn nicht zu beunruhigen. Genau in diesem Moment kam der Kellner, ein attraktiver, großer, schlanker Mann. »Möchten Sie noch etwas?«, fragte er freundlich. »Ja«, antwortete ich, »ich möchte bitte leben.«

Gegenüber meldet sich nun die nächste Patientin zu Wort, sie trägt ein Kopftuch, kommt aus Tunesien und spricht ein schönes Deutsch mit französischen Untertönen. »Gott hat mir sehr geholfen und meine Zweifel angehört und sie in Taten verwandelt.«

Nun erzählt eine weitere Patientin, die viele Jahre Lehrerin an einer Grundschule war: »Mir hat der Arzt so sehr geholfen. Er hat zunächst meine Wut über die Diagnose ausgehalten und mir dann aber die vielen Behandlungsmöglichkeiten aufgezeigt. Das hat mir Mut gemacht.« »Der Arzt ist so wichtig«, stimmen ihr die anderen Patientinnen zu. Die Tuneserin durchbricht aber diesen Kanon: »Ja, der Arzt ist sehr wichtig, aber noch wichtiger ist das eigene Herz, es muss für das Leben kämpfen wollen, egal ob es gelingt oder nicht.«

Spiritualität – Hoffnung in hoffnungsloser Zeit

Die Medizin ist eine Naturwissenschaft, das muss und darf sie sein. Die Effekte der medizinischen Maßnahmen müssen also überprüfbar und wiederholbar sein. Wir forschenden und zugleich praktizierenden Ärzte folgen den Prinzipien der sogenannten Evidence Based Medicine, die nach der Wahrheit über den Nutzen von Operationen und Medikamenten für die Patienten sucht. Dazu werden die verfügbaren Studien zu den einzelnen Fragestellungen akribisch und systematisch analysiert. Zu fast allen Themen der Medizin und nahezu allen Krankheiten existieren bereits Übersichtsarbeiten, die auch spirituelle Faktoren bei der Heilung mit in Betracht ziehen. Zur wichtigsten und am häufigsten eingesetzten medizinischen Maßnahme, dem ärztlichen Gespräch, gibt es dagegen keine derartige Arbeit. Dabei liegt auf der Hand, dass Transzendenz und Glaube – an was oder wen auch immer – gerade in solch existenziellen Situationen eine wichtige Rolle spielen können. Kurz gesagt: Sie können helfen, schlechte Nachrichten zu verarbeiten.

Als Arzt sollte man den Mut aufbringen, den Patienten danach zu fragen. Denn in diesem Moment geht es nur darum, individuelle Kraftquellen des Betroffenen zu identifizieren und sie für ihn bei der Bewältigung schlechter Nachrichten und deren Konsequenzen nutzbar zu machen. Spiritualität bedeutet und steht somit nach meinem Verständnis nicht im Widerspruch zur wissenschaftsorientierten modernen Medizin. Im Gegenteil, sie kann sie sogar bereichern. Sie kann auch dem Arzt helfen, sich selbst wahrzunehmen und die Spiritualität des Patienten zu erfassen, die meist keinen Raum im Arzt-Patienten-Gespräch erhält. Sie kann den Zugang zum Patienten verbessern und helfen, Vertrauen aufzubauen. Es versteht sich von selbst, dass der Arzt nicht missionarisch auftritt und seinen eigenen Glauben gewissermaßen über den Patienten stülpt. Sondern wie schon mehrfach betont: Er hört zu, erfährt etwas über die Spiritualität des Patienten, und bezieht diese Information in die weitere Behandlung mit ein.

Ich erinnere mich sehr gut an Schwester Hannah aus dem

Franziskanerkloster in Sießen bei Ulm. Sie war eine großartige Persönlichkeit, ich begleitete sie in ihrer Krebserkrankung über acht Jahre. Wir sprachen sehr viel über die medizinischen Maßnahmen, aber noch mehr über Gott und die komplizierte Welt. Wir vertrauten und schätzten uns sehr. Sie liebte es so sehr, Nonne zu sein, und fand ihre Erfüllung in der kirchlichen Arbeit mit Kindern und Jugendlichen. Trotz der vielen Chemotherapien kam der Krebs immer wieder. Irgendwann fragte ich sie: »Schwester Hannah, zweifeln Sie nicht an Ihrem Glauben, wenn der Krebs immer wieder kommt und Sie nicht mehr loslässt?«

»Zweifeln? Natürlich spreche ich mit Gott und versuche mein Schicksal zu verstehen. Emotionen sind dabei, es ist ein ehrliches Gespräch – wie könnte ein Gespräch ohne Emotionen ehrlich sein? Ich bin traurig, wütend, sarkastisch, Zweifel an meinem Glauben habe ich aber nicht. Der Dialog mit Gott hilft mir, mich selbst besser zu sehen, es ist das Gespräch, das mir Kraft und Optimismus gibt.«

»Ich gebe doch nicht auf«

Mein Assistent ruft mich an und fragt, wann ich zu meiner Patientin auf die Station kommen könne. Sie wartet auf das Ergebnis der Operation von heute. Sie ist eine bekannte Modejournalistin und mir wirklich ans Herz gewachsen, ich betreue sie seit mehr als drei Jahren. Sie und ich waren so stolz, dass sie trotz laufender Chemotherapie vor einigen Monaten eine grandiose Modenschau zugunsten der »Stiftung Eierstockkrebs« organisiert hatte. Heute Morgen haben wir versucht, ihrem Magen, der durch den Tumor eingedrückt ist, mittels eines Bauchschnitts Erleichterung zu schaffen, damit die blutende Speiseröhrenentzündung sich bessern kann. Alle anderen medikamentösen und minimalinvasiven Versuche waren leider ohne Erfolg geblieben. Wir versuchten alles bei der Operation, die Krebserkrankung war aber zu weit fortgeschritten. Wir konnten keinen Zugang zum Magen finden, überall diese harten Krebstumore. Schließlich mussten wir die Operation abbrechen. Wir konnten ihr nicht helfen.

Der Assistent bittet mich, das Gespräch zu übernehmen, er weiß nicht, wie er es sagen und wie es dann weitergehen soll. Wir gehen hoch zu ihrem Zimmer, ich öffne die Tür, sie liegt in ihrem Bett. Ihre beste Freundin ist bei ihr. Beide sind sehr bedrückt, sie wissen, dass die Operation nicht erfolgreich war, da der Schlauch der Magensonde immer noch an der Nase befestigt ist. Ich nehme ihre Hand, sie ist warm, das macht mir Mut. Ich schaue in ihre Augen und sage: »Wir haben alles versucht, aber es ging nicht.« Ich mache eine kleine Pause, ihre Augen beginnen zu schwimmen, aber ich halte ihre Hand fester und überlege mir, was ich ihr Gutes sagen kann. Ich nutze die Stille, um weiter nachzudenken, ich grübele und hoffe, dass mir etwas einfällt. Aber mir fällt einfach nichts ein.

»Und wie geht es nun weiter?«, fragt sie und beendet die Stille.

»Geben Sie mir bitte etwas Zeit. Wir verabreden uns für morgen um acht, wenn Sie mögen. Ich bin jetzt nicht in der Lage, Ihnen eine ehrliche Antwort zu geben. Wir brauchen etwas Abstand zu dem, was jetzt ist. Ich brauche mehr Zeit, um mir klarzumachen, welche Optionen wir gemeinsam besprechen sollten.«

Sie nickt und ich habe das Gefühl, dass auch sie dankbar ist, dass wir das Gespräch an dieser Stelle beenden und sie nun Zeit hat, mit ihrer besten Freundin die traurige Nachricht zu verdauen. Der Assistent begleitet mich auf dem Flur und bedankt sich, dass er dieses Gespräch nicht führen musste. »Sie sehen, es gibt Situationen im Leben, da ist nichts zu beschönigen, da gilt es, die Wahrheit zu sagen und Raum für die Trauer zu schaffen«, antworte ich ihm.

Am nächsten Morgen setzen wir unser Gespräch fort. »Wie wird es ihr heute gehen?«, überlege ich. Ich hoffe, dass sie einigermaßen gut geschlafen hat. Ich begrüße sie, sie sieht besser aus als gestern. Ich setze mich zu ihr, meine Assistenten bleiben stehen. Die Patientin schaut sich um und bittet den jungen Assistenten, sich so zu stellen, dass sie ihn sehen kann. »Ich mag es auch nicht, wenn jemand in meinem Rücken ist«, denke ich in diesem Moment. »Wie geht es Ihnen heute?«, ist meine erste Frage. Dann merke ich, dass dies vielleicht nicht der beste Start ist, und füge sofort hinzu: »Sie müssen nicht darauf antworten, wenn Sie nicht möchten.«

Sie lächelt, aber sagt kein Wort. Sie hatte für diesen Morgen einen hellroten Lippenstift gewählt. Ich fasse die aktuelle Krankheitssituation zusammen. Gemeinsam lassen wir ihre lange Krankheitsgeschichte mit all ihren Höhen und Tiefen Revue passieren: Sie hatte nun bereits drei Krebsoperationen in den letzten acht Jahren und drei Chemotherapien mit über zwanzig Einheiten. Bereits 2009 war sie an Eierstockkrebs erkrankt. Wenn dieser Krebs wiederkommt, dann meist innerhalb von fünf Jahren. Bei ihr war es anders, untypisch. Nach mehr als sieben Jahren zeigten sich in der Computertomografie Metastasen am Bauchfell. Wenn der Eierstockkrebs wiederkommt – man spricht von Rezidiv –, ist er in der Regel nicht mehr heilbar. Bei ihr kam er nun bereits zweimal zurück. Ich wiederhole, dass ihr Krebs nicht heilbar ist und dass die Lebensqualität, die letztendlich nur sie selbst beurteilen kann, das oberste Ziel aller medizinischen Maßnahmen sein sollte. Sie nickt.

»In dieser Situation sind verschiedene Wege möglich, die wir benennen sollten, diese müssen Sie nicht gleich bewerten. Hören Sie einfach zu, und wenn Sie etwas nicht verstehen, fragen Sie bitte nach. Einverstanden?«

»Einverstanden«, antwortet sie. Ich erkläre ihr die verschiedenen medizinischen Möglichkeiten. Wir sprechen über Hospiz; über die ausschließliche Behandlung von Beschwerden wie Schmerzen; die Möglichkeiten unterschiedlicher Krebstherapien – die aber, wenn sie mit geringer Chance wirken, auch nur für kurze Zeit die Tumorerkrankung stabilisieren können und dies zum Preis von Nebenwirkungen wie Haarausfall und zunehmender körperlicher Schwäche. Die letzte Chemotherapie hatte gerade begonnen, als die Problematik mit dem Magen täglich größer wurde, sodass man eigentlich noch gar nicht behaupten konnte, dass diese Krebsbehandlung nicht wirkt und die Eierstockkrebszellen auch gegen diese Medikamente resistent sind. Sie hatte sie bis auf die durch das Krebswachstum bedingte Magenproblematik insgesamt sehr gut vertragen, selbst die Haare fallen bei dieser Behandlung nicht aus.

»Wie sehen Sie die Situation, was sind Ihre Wünsche und Pläne. Was sollen wir Ihrer Meinung nach jetzt tun?«, frage ich sie. Und ich weiß, dass sie sich seit geraumer Zeit mit diesen Fragen sehr kritisch auseinandersetzt. »Wollen Sie jetzt mit mir entscheiden, oder wollen wir uns zu einem späteren Zeitpunkt neu verabreden?«, frage ich.

Ich erwarte eine längere Pause, aber sie antwortet sofort: »Ich mache weiter, natürlich, ich gebe doch nicht auf. Ich möchte die Krebstherapie fortführen, das ist für mich eindeutig klar!«

Die bedrückten Gesichter der Assistenten lockern sich sofort, als ob sie gerade einen Zauberspruch gesagt hätte. Ich akzeptiere ihre Entscheidung und kann diese sehr gut nachvollziehen, auch wenn es ein schwerer Weg sein wird und die Chancen nicht sehr gut sind, dass die Behandlung erfolgreich und dauerhaft sein wird. Sehr gerne unterstütze ich, unterstützen wir sie weiter mit all unserer Kraft.

»Aber eins müssen Sie mir versprechen: dass Sie noch heute eine Patientenverfügung verfassen, dass Sie für sich eingrenzen, wie weit wir tatsächlich gehen sollen, wenn Sie in eine akut lebensbedrohliche Situation kommen und Sie selbst nicht entscheiden können.« Sie verspricht, dies heute noch mit ihrer besten Freundin zu tun, und dankt mir für diese Aufgabe.

Das Gespräch beenden und dokumentieren

Eine kurze Zusammenfassung, in der man noch einmal die Kernbotschaften und die nächsten Schritte nennt, kann das Gespräch abschließen und dem Patienten zusätzliche Orientierung geben. Hierbei sollte insbesondere auf praktische Dinge eingegangen werden. Das kann der nächste Termin sein oder der Name eines Kollegen, der die weitere Betreuung übernimmt.

Hat man das Gefühl, dass ein zweites Gespräch zu einem späteren Zeitpunkt noch sinnvoll wäre, sollte man den Betroffenen fragen, ob dies auch aus seiner Sicht gewünscht wird. Wenn erst später deutlich wird, dass danach Bedarf besteht, ist es sinnvoll, ein weiteres Gespräch zeitnah und verbindlich zu vereinbaren.

Ähnlich wie der Chirurg nach einem Eingriff ein sogenanntes *Operations*protokoll erstellen muss, in dem er die wesentlichen Operationsschritte und mögliche Komplikationen detailliert beschreibt, sollte der Arzt auch ein *Gesprächs*protokoll anfertigen. Es kann für die anderen Teammitglieder und mitbetreuenden Ärzte (wie zum Beispiel dem Hausarzt) als eine wichtige Orientierung und Grundlage für weitere Gespräche mit dem Patienten dienen. Ein solches Gesprächsprotokoll verhindert zudem weitere Konflikte in der Kommunikation, zum Beispiel, wenn der Patient den Vorwurf äußert, er sei nicht aufgeklärt und informiert worden.

Auch für den Überbringer der schlechten Nachricht ist das Gespräch eine kognitive und emotionale Herausforderung. Meist muss er, unabhängig davon, wie anstrengend das Gespräch war, ohne größere Pause seinen weiteren ärztlichen Aufgaben nachgehen. Das kann eine Operation, eine Untersuchung oder ein weiteres Arzt-Patienten-Gespräch sein.

Und das gilt im Übrigen auch für alle anderen Situationen, in denen schlechte Nachrichten überbracht werden. Denken wir wieder an den Polizisten, dessen Arbeitstag nicht mit dem Klingeln an der Haustür endet.

Um den Arzt oder generell den Überbringer der schlechten Nachricht zu entlasten, sollte er die Möglichkeit eines Debriefings nutzen. Der Begriff leitet sich ab von »briefing«, was die Einsatzbesprechung vor einem wichtigen Ereignis beschreibt. Debriefing meint daher das Nachbereiten und die gemeinsame Analyse des Gesprächs oder des Ereignisses. Diese Nachbereitung kann mit anderen Kollegen, aber auch alleine erfolgen und muss meiner Meinung nach auch nicht eine Manöverkritik oder echte Analyse bedeuten. Manchmal reicht auch schon ein Entlastungsritual wie das bewusste Waschen der Hände oder ein kurzer Spaziergang. Etwas in dieser Art kann präventiv dafür sorgen, dass Stress abgebaut und dem eigenen »Ausbrennen« vorgebeugt wird.

Ein solches Debriefing ist selbstverständlich kein Ersatz für eine professionelle Begleitung und Supervision. Es kann aber für den Überbringer von schlechten Nachrichten sehr hilfreich sein im Blick auf seine Psychohygiene, um seinen Gefühlen und Gedanken Raum zu geben und diese nicht unterschwellig mit in die nächste Situation zu nehmen. Ideal ist natürlich eine vom akuten Ereignis losgelöste strukturierte Auseinandersetzung, wie sie in einem Coaching oder in Balintgruppen (nach dem Psychiater und Psychoanalytiker Michael Balint) möglich ist. Letzteres sind Arbeitsgruppen von etwa acht bis zwölf Ärzten, die sich unter der Leitung eines Psychotherapeuten oder Psychoanalytikers treffen und »schwierige Patientensituationen« aus dem klinischen Alltag analysieren, um daraus zu lernen.

Aber das sind eigentlich schon nächste Schritte, die unabhängig von der konkreten Situation stehen und für die Erhaltung der Arbeitskraft und psychischen Gesundheit wichtig sind. Für das einzelne Gespräch ist wichtig, dass man es mit einem Debriefing auch abschließt. Und loslassen kann. Spannend finde ich in dem Zusammenhang, was mir einmal ein Fluglotse erzählt hat: Wenn er an seinem Arbeitsplatz eine schwierige Situation, einen »Beinaheunfall« erlebt, wird er von allen weiteren Verpflichtungen unmittelbar befreit und seine Schicht von einer anderen Person übernommen. Es erfolgt dann eine systematische Analyse ohne Bestrafung oder Rüge des Mitarbeiters.

Davon ist die Medizin leider meilenweit entfernt. Gerät ein Arzt in eine schwierige Situation, eine Komplikation, ein schwieriges Gespräch mit unbefriedigendem Ausgang, muss er in der Regel seine Schicht ohne Einschränkung zu Ende arbeiten. Dies ist zum einen belastend und kann zum anderen sogar zum Schaden anderer Patienten führen. Denn wenn der Arzt die stressbehaftete Situation nicht reflektieren konnte, führt dieser unbearbeitete Konflikt gegebenenfalls zu einer Fehlreaktion bei der nächsten Begegnung mit einem Patienten.

»Mama ist schwer krank«

Die Übermittlung der Nachricht, dass ein Elternteil oder sogar beide Elternteile gestorben sind, gehört sicher zu den größten und schwersten Herausforderungen überhaupt, gerade wenn die Kinder noch sehr klein sind. Aber auch hier gilt wie bei den Erwachsenen: Das, was man sagt, muss wahr sein.

Kinder bekommen viel mit von dem, was in ihrer Umgebung geschieht – meist mehr, als die Erwachsenen ihnen zutrauen. Daher gilt auch für sie, dass man sie einbinden und ihnen zuhören sollte, ihre Gefühle und Ängste ernst nimmt, auch wenn man in der einen oder anderen Situation vielleicht befürchtet, dem Kind nicht die beste Antwort gegeben zu haben. Es geht jedoch dabei mehr um die Haltung als um die einzelnen Wörter. Ehrlichkeit und Mut, Dinge zu erklären, sind wichtig, um das Vertrauen der Kinder in die Erwachsenenwelt zu erhalten. Eltern sind für ihre Kinder die Garanten der Stabilität, die sie benötigen, um selbst zu stabilen Erwachsenen heranzureifen. Kinder leben daher oft nach dem Gefühl, dass ihre Eltern unzerstörbar sind. Doch auch Eltern sind gegen schwerwiegende und sogar lebensbedrohliche Erkrankungen nicht gefeit. Man schätzt, dass etwa drei Millionen Kinder allein in Deutschland davon betroffen sind. Etwa 200 000 Kinder erleben in Deutschland jährlich, dass Vater oder Mutter an Krebs erkranken.

Die Unsicherheit, wie man Kindern in diesem Zusammenhang am besten begegnet – wie schlimme Nachrichten an sie zu überbringen sind –, ist unter Ärzten ebenso groß wie in den Familien. In einer Studie wurde ermittelt, dass lediglich knapp die Hälfte der Kinder von lebensbedrohlich erkrankten Eltern über deren Erkrankung informiert wurde und kaum Erklärungen für jüngere Kinder erfolgten. Die Kinder waren zwar anwesend, mit ihnen wurde aber kaum gesprochen und es wurde nur selten versucht, ihnen das Geschehene zu erklären.

Eltern meiden häufig teils bewusst, teils unbewusst das Gespräch mit ihren Kindern zu diesen Themen. Sie möchten sie schützen, glauben, dass sie zu jung seien, um solche Dinge zu verstehen und damit richtig umzugehen. Durch die Symptome der Krankheit und der Therapie fühlen sich auch viele Erwachsene schlicht zu schwach, um die notwendige Kraft für die schwierigen Gespräche aufzubringen. Sie haben selbst zu große Angst, über den Tod und das Sterben zu sprechen, oder wissen ihre eigene Krankheitssituation selbst nicht einzuschätzen und zu verstehen. Auch Erwachsene haben das Recht auf Verdrängung, zumindest für eine kurze Zeit, so denke ich. Aber sie haben eben auch die Verantwortung gegenüber ihren Kindern – dass diese nicht völlig unvorbereitet plötzlich mit dem Tod konfrontiert werden und keine Möglichkeit haben, sich zu verabschieden.

Kinder merken sehr schnell, dass etwas nicht stimmt, dass Mama oder Papa schwächer werden, immer größere Pausen brauchen, weniger soziale Kontakte erleben und immer häufiger zum Arzt in die Praxis oder Klinik müssen. Daher benötigen Kinder altersgerechte Hilfestellungen von Erwachsenen. Möglich wird dies durch eine offene Kommunikation über die Krankheit und die Ermutigung, Fragen zu stellen. Werden Fragen nicht ausgesprochen und nicht geklärt, entwickeln Kinder ihre eigenen Theorien über die Krankheit. Nicht selten glauben sie dann, selbst an der Krankheit schuld zu sein, es entstehen Vorstellungen und Bilder, die ihnen Angst machen und meist mit der Realität wenig zu tun haben.

Kinder haben ihre eigene Art, mit Informationen dieser Art umzugehen, und nicht selten unterscheiden sich ihre Reaktionen sehr von den Verhaltensweisen der Erwachsenen. Dennoch sollten Eltern und Ärzte um diese Reaktionen wissen und sie akzeptieren, die Kinder also nicht mit Parolen wie »Ein Indianer kennt keinen Schmerz« oder ähnlichem abspeisen. Das Weinen gehört dazu, aber auch die Wut und der kindliche Wunsch nach Rückzug oder nach Selbstausdruck mittels Malen, Bewegung oder Ablenkung.

Um das Bewusstsein in der Ärzteschaft für diesen besonderen Umgang mit schwerwiegenden Diagnosen zu erhöhen, sollten erwachsene Patienten, die selbst Kinder haben, von Ärzten grundsätzlich als Eltern wahrgenommen und angesprochen werden. Verschiedene Studien konnten zeigen, dass zum Beispiel Onkologen nur selten Gespräche mit den Kindern anregen. Ärzte fühlen sich vielleicht in einem Konflikt, da nur der Vater oder die Mutter ihre Patienten sind, die übrigen Familienmitglieder jedoch nicht. Sie müssen es auch nicht als ihre eigene oder gar alleinige Verantwortung ansehen, alle Gespräche mit den Familienangehörigen zu führen. Dazu fehlt in der Regel auch die notwendige Beziehungsebene für ein derartig sensibles Thema. Sie können jedoch auf professionelle Beratungsangebote hinweisen und selbst auch darauf zurückgreifen.

Für den Umgang mit Kindern hat sich die kindzentrierte Familienberatung nach dem COSIP-Konzept für alle medizinischen und sozialen Professionen bewährt. COSIP steht für »Children of somatically ill parents«. Vermittelt werden dabei die theoretischen Grundlagen sowie das praxisnahe Vorgehen bei der Planung und Gestaltung von Beratungsgesprächen mit krebskranken Eltern, ihren Kindern und der ganzen Familie. Dieses Konzept wurde multizentrisch in Hamburg, Berlin, Heidelberg, Magdeburg und Leipzig entwickelt und validiert. Es beinhaltet in der Regel drei bis acht Beratungstermine, bei denen Eltern mit dem Kind, den Geschwistern und der Familie im Gespräch sind. Der Fokus liegt auf Alltagssituationen, aber auch auf den Ressourcen und Bedürfnissen der Kinder innerhalb der Familie. Diese Art des Gesprächs versucht die Eltern in ihrer Rolle zu stärken und verfolgt einen stark präventiven Ansatz. Beratungsziele für die Familie sind u. a. die offenere Kommunikation über die elterliche Erkrankung, das Stützen der elterlichen Kompetenz, die Erhöhung der emotionalen Verfügbarkeit der Eltern. Für die Kinder geht es um eine bessere kognitive Orientierung, die Legitimierung eigener Gefühle und Bedürfnisse und die Unterstützung antizipierender Trauerarbeit.

Kinder sollten an den Trauervorbereitungen und den Trauerritualen beteiligt werden. Nur wenn sie es ausdrücklich nicht wollen, sollte auch das respektiert werden. Die Einbindung in die Trauerrituale kann Halt und Geborgenheit geben und bleibt auch später in der Erinnerung als seelischer Meilenstein der eigenen Trauerbewältigung bestehen. Was wir als Kind erfahren, bleibt und beeinflusst den Umgang mit schlechten Nachrichten und Schicksalsschlägen im Erwachsenenalter.

Die Dringlichkeit des Themas wird mir nicht nur im Krankenhaus regelmäßig vor Augen geführt. Auch im privaten Umfeld, in meiner eigenen Familie, stoßen mich die Kinder selbst darauf, wie folgende kleine Begebenheit illustriert: Ich erinnere mich an den einen typischen Herbsttag mit seinem vielen Rotbraun und Dunkelgrün, wenige Monate vor dem Tod meiner Mutter. Wir fuhren gerade am Landwehrkanal entlang, hörten in unserem Gefährt mit großer Freude ein orientalisches Potpourri der erfolgreichsten Lieder der arabischen Welt, als mich plötzlich meine Tochter Sara mit ihren neun Jahren bat, die Musik etwas leiser zu stellen, weil sie mich etwas fragen wolle: »Muss Oma Aziza bald sterben?«, fragte sie vorsichtig, da meine Mutter wegen ihres chronischen Herzleidens und ihrer Zuckerkrankheit in den letzten Wochen immer wieder im Krankenhaus gelegen hatte. »Das weiß ich nicht, Sara, ich hoffe nicht«, antwortete ich. »Wir müssen für Oma Aziza beten.« Sie schaute für einige Sekunden aus dem Fenster und sagte dann: »Papa, jetzt kannst du die Musik wieder lauter stellen!«

Beispiele außerhalb der Medizin

Der Vater und der junge Polizist

Es ist ein Donnerstag im schönsten Kleid eines Frühlingsabends, als das Telefon auf der Einsatzleitstelle der Polizei in Brandenburg gegen 22 Uhr klingelt. Auf der Birkenallee ist ein Pkw gegen einen mächtigen Baum gefahren, vier Personen sind verletzt. Der Unfallort wird unverzüglich vom Polizisten Andreas Dalke aufgesucht, er soll sich die Unfallstelle nochmals anschauen, die Straßen sind zum Glück leer.

Insgesamt drei Notarztwagen waren nach wenigen Minuten am Unfallort. Andreas Mischke, der Einsatzleiter der Polizei, fährt los, er will sich vor Ort ein eigenes Bild machen. Als er mit seinem Kollegen ankommt, sind die Notärzte schon weg. Andreas ist seit 26 Jahren bei der Polizei. Am gesicherten Unfallort trifft er auf Peter Zardo, er ist Fernfahrer und mit seiner Fracht unterwegs nach Prag. Mehr als sieben Stunden ist er schon auf der Straße, aber keine Spur von Müdigkeit in seinem blassen Gesicht. Er spricht sehr gut Deutsch, weil er in Potsdam Nachrichtentechnik studiert hat.

Er erzählt, dass ihn der rote Pkw mit hoher Geschwindigkeit überholen wollte. Er habe ihn erst spät gesehen, da er sich auf die vor ihm liegende Linkskurve konzentrierte. »Ich habe nur kurz etwas Licht in meinem Rückspiegel gesehen. Als ich dann in meinen Seitenspiegel geschaut habe, war das Licht verschwunden. Und dann habe ich die Tragödie wie in einem Film zu Ende beobachtet: Der rote Wagen kam ins Schleudern, rutschte von der Fahrbahn und prallte mit der rechten Fahrzeugseite gegen einen Baum. Das ging so schnell, ich dachte für einen Moment: Das ist alles nicht wahr, du bist nur eingeschlafen und hast schlecht geträumt. Irgendwie unwirklich. Durch die Wucht des Aufpralls wurde das rote Fahrzeug in zwei Teile gerissen, einen Knall hörte ich nicht. Der vordere Teil schleuderte nach links über die nasse Fahrbahn und von dort mit der Front gegen einen anderen Baum.

Das Fahrzeugheck rutschte weiter, überschlug sich zweimal und prallte gegen einen weiteren Baum. Ich bin selbst fast von der Straße abgekommen, habe aber irgendwie meinen Lkw zum Stehen gebracht und bin sofort zur Unfallstelle gerannt. Es waren vielleicht hundert Meter, aber es dauerte eine Ewigkeit, bis ich hier war.

Mitten auf der Fahrbahn lag dieser junge Mann, er bewegte sich nicht. Im Fahrzeugheck, eingeklemmt zwischen Baum und Rückbank, saß noch jemand, eine junge Frau, auch sie bewegte sich nicht. Ich rief hektisch die Feuerwehr an, ich versuchte den Mann wiederzubeleben. Ich drückte auf den Brustkorb und schaute immer auf das blutverschmierte Gesicht, hoffte, dass er aufwacht und mich wegschiebt. Ich hoffte, dass noch irgendwer vorbeikommen würde, aber kein Mensch schien zu dieser Zeit auf dieser Landstraße zu sein.

Etwa zwanzig Meter von der Fahrzeugfront entfernt lag im Maisfeld noch eine weitere männliche Person, ich hörte ihr Schreien. Bevor ich nachdenken konnte, wie ich mich weiter verhalten sollte, erreichten die Notarztwagen den Unfallort. Leider konnten sie keinen der Verletzten retten, alle starben an den Folgen ihrer schweren Verletzungen. Ich konnte doch nicht mehr tun, oder?!« Der Mann war traurig und noch blasser als zuvor, er wollte jetzt endlich weiterfahren, einfach nur weg.

Es finden sich keine Ausweispapiere bei den Opfern, auch nicht in den Resten des demolierten Fahrzeugs. Die Kennzeichenabfrage ergibt, dass der Pkw auf einen achtzehnjährigen jungen Mann aus Hamburg zugelassen ist. Der Polizist vor Ort ruft die Einsatzzentrale an und wird an das Polizeirevier in Eppendorf weitergeleitet. Nachdem er den zuständigen Kollegen den traurigen Sachverhalt geschildert hat, bittet er darum, die nächsten Angehörigen vor Ort über den tragischen Unfall zu informieren.

Andreas Maggler hat heute Dienst, fährt Streife, es ist seine vierte Nacht in den letzten vier Wochen. »Noch eine Nacht«, sagt er zu seinem Kollegen, der erst vor vier Wochen seine Prüfung bestanden hat, »und übermorgen gehe ich endlich zum Arzt, die verdammten Kopfschmerzen werden immer schlimmer.« Er hat den Satz noch nicht zu Ende gesprochen, als sich die Zentrale meldet. »Wagen 274, bitte melden!«

»Ja, hier Wagen 274.«

»Bitte Eltern eines verunglückten Verkehrsopfers informieren, Name ist Sven Lidzke, wohnhaft Eppendorfer Straße.«

Der jüngere Kollege schreckt auf: »Wie? Wir sollen jetzt den Angehörigen mitteilen, dass er gestorben ist? Wer sind denn die Angehörigen?«

»Es sind die Eltern des Opfers, Maria und Erwin Lidzke.«

Beide holen tief Luft und fahren endlich rechts an den Rand der vielbefahrenen Straße. Nachdem ein Streifenwagenteam angefunkt wurde und einige Zusatzinformationen erhalten hat, fahren zwei junge Kollegen zu den Eltern des Opfers. Es ist inzwischen 23 Uhr 30. Sie klingeln insgesamt fünf Mal. Ein Fenster im ersten Stock öffnet sich und ein Mann mit freiem Oberkörper ruft laut: »Was ist denn schon wieder los?« Er schaut herunter, als ob er diese Szenerie schon mehrfach erlebt habe.

»Bitte machen Sie die Tür auf, wir müssen mit Ihnen sprechen«, sagt der ältere Polizist. Nach wenigen Sekunden summt der elektronische Türöffner. Die Polizisten gehen nach oben, der Vater kommt ihnen entgegen, sie treffen sich im Treppenflur.

»Wir müssen Ihnen eine schlechte Nachricht überbringen, wir müssen Sie aber zunächst noch einiges fragen. Können wir mit Ihnen nach oben gehen?«

»Nein!«, ruft ihnen der Vater erregt entgegen, »ich will jetzt wissen, was los ist.«

»Wollen Sie Ihre Frau rufen?«, fragt der Polizist weiter.

»Nein, lassen Sie bitte meine Frau schlafen, sie hat Parkinson und es geht ihr gerade sehr schlecht. Sie nimmt starke Medikamente, kann seit Monaten nicht gut schlafen, heute schläft sie so ruhig wie noch nie.«

Der ältere Polizist versucht, vorsichtig und langsam den Sachverhalt zu erklären. »Es gab einen schweren Verkehrsunfall«, beginnt er. Der jüngere Polizist schaut verlegen auf den Boden. »Wissen Sie, wo Ihr Sohn ist, was er anhatte?«

Der Vater gibt an, dass sein Sohn gegen 18 Uhr in seinem Auto zusammen mit seiner Freundin und einem Freund in die Nähe von Berlin zu einem Rockkonzert wollte. »Mein Sohn liebt Rockkonzerte, verstehen Sie?«, sagt der Vater zum jüngeren Polizisten, der gerade für einen Augenblick aufschaut. »Und mein Sohn liebt seinen Golf, er lässt niemand anderen mit seinem getunten Auto fahren, noch nicht einmal mich, obwohl ich es komplett bezahlt habe.«

Da sich der Sohn bereits mittags von zu Hause aufgemacht hatte, fällt die Beschreibung seiner Kleidung sehr präzise aus. Alles stimmt überein. Der ältere Polizist holt tief Luft: »Es war ein wirklich schwerer Verkehrsunfall, ich muss Ihnen leider sagen, Ihr Sohn ist verstorben.«

Der Vater bricht weinend zusammen. »Ich wusste es, von der ersten Sekunde an, als Sie klingelten, ich wusste es, das verdammte aufgemotzte Auto, ich wusste es!« Er beginnt zu schreien, schlägt gegen die Fahrstuhltür, erst mit der Faust, dann mit dem Kopf. Aus einer Platzwunde an der Stirn tropft etwas Blut, er schreit und schreit. Der jüngere Polizist ruft einen Notarzt, dann wählt er die Nummer des Notfallbegleiters aus dem Kriseninterventionsteam und die Nummer des Notfallseelsorgers. Er hatte sich die Nummern bereits vorher besorgt und zurechtgelegt. Er lässt es lange klingeln, wählt die verschiedenen Nummern. Er ist zu aufgeregt, die Nummern richtig ins Telefon zu tippen, immer wieder nur die Ansage, kein Anschluss unter dieser Nummer. Der Vater hechelt und wird blasser, stürzt zu Boden, hat einen Ohnmachtsanfall. Beide Polizisten versuchen ihn aufzufangen, es gelingt ihnen jedoch nicht, er fällt mit dem Kopf auf das Treppengeländer. Der Jüngere kontrolliert die Atmung des Vaters.

»Ja, er atmet, zum Glück, wann kommt endlich der Notarzt?«

Ich fahre mit dem Zug von Berlin nach Rostock, schaue in den Regen und erinnere mich an Thomas. Ein guter Freund, der noch vor einigen Jahren Ordinarius einer renommierten Universitätsklinik war. Er ist immer freundlich. Aktuell engagiert er sich sehr in Afrika und berichtet mir immer wieder von seinen wunderbaren Erfahrungen in Kenia und Marokko. Er musste vor einigen Jahren seine ärztliche Position vorzeitig aufgeben, weil ihm Behandlungsfehler vorgeworfen wurden. Unzählige Presseberichte musste er aushalten und immer wieder kommentieren. »Die Blicke der scheinbaren Beobachter waren schlimmer als die nicht ausgesprochenen Worte der Kollegen«, hat er mir damals erzählt.

»Ja, das war eine sehr schwere Zeit«, sagt er heute und lächelt mich an, als ob er etwas stolz wäre, seine Lebensfreude deswegen nicht verloren zu haben.

»Was hat dir geholfen, damit klarzukommen, als dir gesagt wurde, dass du nicht Chef deiner Klinik bleiben kannst?«, frage ich ihn.

»Wir haben uns letztendlich geeinigt, aber es war wirklich schwer für mich. Ich wusste, dass damit meine geliebte wissenschaftliche Karriere für immer beendet sein würde. Und das nach vierzig Jahren Studien zur Verbesserung der Behandlungsergebnisse der Patienten. Meine Frau hat mir sehr geholfen, sie hat das gemeinsam mit mir alles ausgehalten und mir Mut gemacht, nicht aufzugeben. Und dann wuchs bald die Hoffnung in mir, dass ich auch ohne die Position eines Ordinarius etwas Sinnvolles tun kann. Etwas, das den Menschen hilft. Heute weiß ich, dass das sehr gut möglich ist, damals hatte ich große Zweifel, ob es mir gelingen würde. Ich kannte ja nichts anderes als die Wissenschaft. Ich denke, mir geht es heute sogar besser als früher, dieser Prozess hat aber mehrere Jahre gedauert.«

Die Arbeit, der Beruf, der professionelle Status dominiert häufig unser Leben. Daher ist der Arbeitsplatz auch immer wieder ein Ort, an dem Nachrichten überbracht werden müssen, die existenzielle Wirkung auf die Betroffenen haben. Das können natürlich auch gute Nachrichten sein, die zusätzliche Kräfte für die Arbeit, aber auch für das Privatleben freisetzen können. Aber auch schlechte Nachrichten oder solche, die man als negativ empfindet, die Angst oder Wut oder Frustration auslösen. Etwa eine Beförderung, die jemand anderem zugesprochen wird, obwohl man selbst damit gerechnet hat. Ein Urlaub, der nicht bewilligt wird, oder gar eine Kündigung. Ich selbst erlebe in Mitarbeitergesprächen immer wieder, wie sehr Menschen davon betroffen sind, wenn ich ihnen beispielsweise sagen muss, dass ihr Vertrag nicht verlängert wird. Weil sie vielleicht mit ihrer Persönlichkeit nicht gut ins Team passen. Oder wenn ihre Ziele und Werte nicht mit denen der Klinikleitung übereinstimmen. Anfangs fühlte ich mich selbst auch gekränkt, wenn ein Mitarbeiter von sich aus vorzeitig das Arbeitsverhältnis beendete, weil er in eine Praxis oder eine andere Klinik wechseln wollte. Es ist sehr wichtig, die Trennung transparent zu erklären und deutlich zu machen, dass es nicht um das völlige Versagen der Person geht, sondern verschiedene andere Gründe hat. Damit wird man einem Menschen eher gerecht, auch wenn man ihn fachlich womöglich nicht schätzt. Wie sich eine Firma oder ein Team von Mitarbeitern trennt, hat zudem starke Signalwirkung auf die eigene und die bleibende Mitarbeiterschaft.

Häufig kursieren innerhalb der verbleibenden Belegschaft ohnehin schon *vor*, spätestens aber *kurz nach* dem Aussprechen der Kündigung Gerüchte. Das kann ein ganzes Team traumatisieren oder zumindest verunsichern. Daher empfiehlt es sich, nach der Übermittlung der schlechten Nachricht die Kollegen zu informieren, und zwar nicht nur die Führungskräfte. Der betroffene Mitarbeiter sollte natürlich stets als erster von der Kündigung erfahren, das ist unbedingt zu beachten. Kündigungen ohne Vorwarnung und ohne dass Mitarbeiter sich voneinander verabschieden können, sollten, wenn möglich, vermieden werden. Sich nicht voneinander verabschieden zu können, wird häufig als bleibende Kränkung und innere Verletzung beschrieben. Wer keine Abschiedsfeier will, sollte wenigstens eine kleine persönliche Geste erhalten. Zum Beispiel eine Karte mit guten Wünschen. Immer wieder wird auch wie beim Überbringen schlechter Nachrichten im Bereich der Medizin davon berichtet, dass es Menschen hilft, wenn man ihnen gleich und im Gespräch von Angesicht zu Angesicht die Wahrheit sagt und nicht erst lange um den heißen Brei herumgeredet wird.

Manchmal leidet der Überbringer der Kündigung selbst lange an einer »schlecht« ausgesprochenen Kündigung, gerade wenn dies gegen seinen eigenen Willen passiert, etwa weil andere im Konzern es im Rahmen eines Sanierungsplanes so beschlossen haben. Wie beim Arzt-Patienten-Gespräch raten Personal-Coaches: Erst die Botschaft klar und unmissverständlich übermitteln. Dann eine Pause machen und das Schweigen aushalten. Versuchen Sie wie der Arzt dem Drang zu widerstehen, jede Gesprächspause nach der Übermittlung der schlechten Nachricht mit weiteren, unnötigen Ausführungen zu füllen, nur um die unangenehme Stille zu vermeiden. Der Mitarbeiter befindet sich in einer emotional stark belastenden Situation und braucht die Stille, um klare Gedanken zu fassen. Warten Sie seine Reaktion ab, akzeptieren und tolerieren Sie seine Gefühle wie Enttäuschung und Wut. Auch in einer solchen Situation sollte man Nachfolgetermine vereinbaren, anstatt alle Formalitäten und Details in ein einziges Kündigungsgespräch hineinzustopfen und so alle Beteiligten zu überfordern. Seien Sie empathisch und versuchen Sie, die Situation des Betroffenen zu erspüren. Dabei hilft es, wenn Sie die sozialen Umstände und die emotionale Lage des Mitarbeiters bereits im Vorfeld in Erfahrung bringen können. Und noch ein Tipp: Das Kündigungsgespräch sollte möglichst nicht an einem Freitagnachmittag stattfinden, da der Betroffene vielleicht professionellen Rat braucht oder Hilfe beim Personalrat oder einem Anwalt suchen möchte, was durchaus bei der Verarbeitung der Kündigung helfen kann.

Nach einer neueren Studie der Unternehmensberatung Kienbaum sind etwa 70 Prozent der Führungskräfte in Deutschland nicht auf derartige Mitarbeitergespräche vorbereitet – auch hier eine Parallele zum Arzt-Patienten-Gespräch oder zu dem, was wir über die Polizei erfahren haben. In allen drei Berufsgruppen werden Fortbildungen zum Thema Breaking Bad News nicht flächendeckend angeboten und auch nicht zum verpflichtenden Themenfeld gemacht.

Intransparente und als unfair empfundene Kündigungen können außerdem zu teuren Arbeitsgerichtsprozessen führen und unnötige negative Folgen für Kunden und eigene Mitarbeiter haben. Ein respektvoller Umgang bis zum Schluss kann sich zudem für die Zukunft auszahlen, da eine Wiedereinstellung oder die Begegnung in einem anderen beruflichen Zusammenhang durchaus im Bereich des Möglichen liegen. So wie der Arzt mit der Diagnose nicht den Patienten seinem eigenen Schicksal überlässt, kann man für die Arbeitswelt eine allgemeine Regel formulieren: Nicht nur innerhalb der Organisation führen, sondern auch außerhalb! Immer wieder erlebe ich in meinem Berufsfeld, dass Kollegen oder wissenschaftliche Mitarbeiter in ihr Team zurückkehren, sich dann noch motivierter als zuvor für die Klinik einbringen und mit offenen Armen willkommen geheißen werden. Lassen Sie sich und Ihren Mitarbeitern diese Möglichkeit, diese Perspektive offen.

Auf der Suche nach der guten Nachricht

Auf dem Flug nach Köln. In einigen Stunden werde ich einen Vortrag für junge Ärztinnen und Ärzte halten. Der Flug ist verspätet, es fehlen auch noch einige Passagiere. Die übliche und ganz normale Hektik. Aber jetzt geht es gleich los, die meisten drängeln sich ans Gate, als ob man früher ans Ziel käme, wenn man als Erster in der Maschine sitzt. Der Passagier, der als Letzter das Flugzeug betritt, erreicht in legerer Jeans und mit locker hängenden Kopfhörern völlig entspannt seinen Sitz. Ich denke in diesem Moment, dass dieser Mann mit Druck wohl ganz gut umgehen kann und sich Hektik nicht gleich ansehen lässt. Sympathisch. Und gesund. Mein Gedanke ist gerade erst zu Ende gedacht, als ich ihn erkenne: Eckart von Hirschhausen, der wohl bekannteste Mediziner Deutschlands, Kabarettist, Moderator, Bestsellerautor. Ich freue mich, dass unsere Plätze nebeneinander sind. Wir haben gemeinsame Bekannte und haben uns auch als Kollegen etwas zu sagen. Wir sprechen über den Humor in der Medizin, tauschen unsere Erfahrungen und Erlebnisse aus. Kommunikation ist Hirschhausens Profession geworden, das interessiert mich natürlich brennend. Und er kann mit meinen Geschichten auch etwas anfangen.

Ein intensives, anregendes Gespräch. Nur kurz lässt sich

der beliebte Comedian von der Stewardess ablenken, die ihre Sicherheitsanweisungen mit geschmeidigen Bewegungen formuliert. Eckart von Hirschhausen imitiert sie professionell. Das scheint er regelmäßig zu tun, da er nahezu synchron ihre Gesten mitmacht. Sie lächelt, bleibt aber diszipliniert und beendet mit einem weiteren Lächeln die Ansage. »Die Medizin darf doch lächeln, darf lachen, ohne ihre Ernsthaftigkeit und Professionalität zu verlieren«, da sind wir uns einig. Er erzählt mir von seiner Stiftung »Humor Hilft Heilen«, bei der unter anderem Clowns mit Krebskranken am Ende ihrer Krankheitsgeschichte auf humorvolle Weise im Krankenzimmer lustige Reisen vorspielen. Er erzählt von einem Freund, der an einem sehr fortgeschrittenen Darmkrebs leidet. Der behandelnde Arzt berichtete von den 95 Prozent ähnlicher Fälle mit einer katastrophalen Prognose. Eckarts Freund ließ den Onkologen aussprechen – und bat ihn am Ende des Gesprächs: »Herr Doktor, Sie haben jetzt so lange mit mir über die 95 Prozent schlechter Geschichten gesprochen. Jetzt würde ich gerne etwas über die guten 5 Prozent erzählt bekommen.«

Perspektivwechsel

Ich sehe im Fernsehen die Acht-Uhr-Nachrichten, so wie etwa neun Millionen andere Menschen dies jeden Tag tun. Eine Horrormeldung jagt die nächste. Hier ein tragischer Verkehrsunfall einer Familie mit drei Kleinkindern auf der Autobahn zwischen Nürnberg und Regensburg, da ein Bombenattentat in Libyen, dann ein Reaktorunfall in Japan, selbst die Sportnachrichten und das Wetter sind negativ, Deutschland hat gegen Tschechien verloren und es wird den ganzen Tag regnen. Der beliebte Moderator Rudi Carrell mit seinem liebenswürdigen holländischen Akzent sagte es ironisch, aber treffend: »Nachrichtensprecher fangen stets mit ›Guten Abend‹ an und brauchen fünfzehn Minuten, um zu erklären, dass es kein guter Abend ist.«

Gibt es keine, denn gar keine guten Nachrichten, die berichtenswert sind? »Wir brauchen einen Perspektivwechsel in der Medizin und in unserer Gesellschaft«, denke ich in diesem Moment. Wir scheinen schon früh für schlechte Nachrichten sozialisiert zu werden, weil man uns immer darauf aufmerksam macht, was alles schlecht ist, was alles schlecht läuft. Wir werden darauf trainiert, in scheinbar lustigen Bildern nach Fehlern zu suchen: Was ist falsch, wo sind die Fehler versteckt? Warum muss ein Bild ohne Sonne falsch sein?

Nachdem wir uns lange mit der Frage beschäftigt haben, wie die schlechte Nachricht übermittelt wird, sollten wir uns auch um die gute Nachricht kümmern. Unzählige Untersuchungen zur Diagnose werden jeden Tag durchgeführt: Ultraschall, Computertomografie, Magnetresonanztomografie; Parameter werden im Blut untersucht: Kalium, Natrium, Kreatinin, Harnstoff, Leberenzyme, Erythrozyten, Leukozyten, Thrombozyten und viele mehr. Beobachtet man die Ärzte bei den Visiten, konzentrieren sie sich meist nur auf abnorme Resultate. Das »Gute« wird einfach nicht kommuniziert. »Das Kalium ist zu niedrig, wir müssen Ihnen Infusionen geben!«, ist ein typischer Satz. »Die Blutwerte von gestern, die die Funktionen der Niere, der Leber und des Knochenmarks beschreiben, sind bei Ihnen bestens«, hört man dagegen sehr selten. Und das, obwohl der Patient in seiner Krankheit regelrecht nach guten Nachrichten lechzt, wie der Verdurstende nach Wasser in der Wüste.

Sollten wir uns nicht eigentlich alle auf schlechte Nachrichten vorbereiten? Vermutlich wird jeder Mensch in seinem Leben einmal oder sogar mehrmals diese Situation früher oder später erleben. Verhindern lässt sich das nicht, wir können uns aber darauf vorbereiten. Dabei hilft es sehr, wenn man von positiven Geschichten, von leichten Gesprächssituationen zehren kann. Dafür müssen wir aber auch das Kommunizieren guter Nachrichten so bewusst betreiben wie das Breaking von Bad News. Denn gute Nachrichten machen stark, verbinden mit dem Leben, mit der Liebe zum Leben.

Schlechte Nachrichten verbreiten sich leichter als gute Nachrichten, das ist messbar. Doch woran liegt das? In einer großangelegten Studie in den USA gab ein Viertel der befragten Teilnehmer Stress als Grund für das eigene Unwohlsein an. Wobei als häufigste Ursachen dieses Stresses schlechte Nachrichten aus Internet, Fernsehen, Radio und Zeitung genannt wurden. Schlechte Nachrichten machen demnach auch krank. Eine andere Studie beschäftigte sich mit den Reaktionen auf den Terroranschlag beim Boston Marathon und befragte 4500 Amerikaner. In dieser Studie zeigten diejenigen, die sich nach dem Anschlag sechs Stunden oder länger den Nachrichtensendungen über den Terrorakt aussetzten, die meisten akuten Stresssymptome – sogar mehr als die Betroffenen, die zum Zeitpunkt des Bombenanschlags vor Ort waren. Vielleicht sollten Nachrichtensprecher, ähnlich wie ein Arzt bei der Verkündung der Krebsdiagnose, erst eine Warnung aussprechen, eine kleine Pause einhalten und den Zuschauer auf die kommende schlechte Nachricht vorbereiten. Das könnte die negativen psychischen Wirkungen eventuell abschwächen, ganz verhindern jedoch wahrscheinlich nicht.

Aber nur mit dem Finger auf die Medien zu zeigen, erscheint mir zu einfach und auch falsch. Das sich Konzentrieren auf die schlechten Nachrichten und das Ausblenden der guten ist kein neues Phänomen. Schlechte Nachrichten lassen sich anscheinend besser merken und weitererzählen. »Die Leute wollen das«, meinen die Nachrichtenanbieter. Wenn das so ist – warum? »Alle Vorurteile kommen aus den Eingeweiden«, heißt es bei Nietzsche. Bestätigen und bedienen negative Nachrichten eher als gute Nachrichten unsere in früher Kindheit erworbenen Vorurteile und Ängste? Oder ist es einfacher, sich mit negativen Nachrichten auseinanderzusetzen, als Empathie für und Freude über positive Nachrichten zu empfinden? Hilft uns der Blick auf negative Nachrichten über andere Menschen, ein besseres Gefühl mit Blick auf die eigene Existenz zu bekommen? Womöglich hat es auch mit dem Faktor Zeit zu tun. Denn Sympathie und Hoffnung zu entwickeln dauert länger und erfordert mehr Achtsamkeit und Muße, als Angst, Ekel und Wut zu zeigen. Gute Nachrichten sind eher »langsame« Nachrichten. Das heißt, sie wirken langsamer, dafür aber auch nachhaltiger als die aktuellen Bad News. Von einem Schock über eine gute Nachricht habe ich jedenfalls noch nie gehört. Vielleicht ist uns aber auch einfach die Erfahrung, wie man mit dem überraschend Guten umgeht, auch gesellschaftlich verloren gegangen?

Wir sollten versuchen, uns vom unnötigen Negativen zu befreien. Damit meine ich nicht einen blinden Zweckoptimismus. Sondern einen Sinn für das Unterscheiden und das Erkennen der guten Nachricht inmitten der schwierigen Befunde und Aussichten, die das Leben mit sich bringt.

Die gute Nachricht zum Abend

Seit längerer Zeit beende ich jeden Arbeitstag in der Klinik, indem ich zu einem meiner Patienten gehe und eine gute Nachricht überbringe. Immer wieder bin ich überrascht, wie leicht es fällt, etwas zu finden. Ich muss keine guten Nachrichten erfinden, das würde ich auch nicht tun – Stichwort Wahrhaftigkeit. Aber sie gesellen sich wie von selbst zu den ganzen schwierigen Nachrichten, wenn man einmal anfängt, darüber nachzudenken. Es ist mein ganz persönlicher Versuch, nicht vor den Bad News zu kapitulieren, sondern die gute Nachricht ebenso wie die schlechte angemessen zu würdigen.

Gute Nachrichten geben Kraft, verleihen ein gutes Gefühl und stärken das angeschlagene Selbstbewusstsein des Patienten. Außerdem erhöht es meine Zufriedenheit mit meiner Arbeit als Arzt. Ich muss sie mir nur ebenso bewusst machen wie alles andere. Gute Befunde zu zelebrieren und sie gemeinsam mit meinen Patienten auszukosten, das nehme ich mir vermehrt vor. Das stärkt auch meine Resilienz als Arzt. Es gelingt mir seither besser, auch die schlechten und schwierigen Situationen im klinischen Alltag zu ertragen. Ich schlafe abends besser ein. In der Rückschau des Tages kann ich mir bewusst machen – viel leichter als im Trubel des Klinikalltags –, dass wir Ärzte täglich viel mehr gute Nachrichten erfahren und überbringen könnten, als wir schlechte Nachrichten übermitteln müssen.

Was ich über die Pausen, das Schweigen im Zusammenhang mit der schlechten Nachricht geschrieben habe, gilt auch für die frohe Botschaft. Auch sie muss wirken, sollte Raum greifen können; auch positive News muss man erst einmal verkraften und verarbeiten. Kürzlich sagte ich zu einer Patientin:

»Ich freue mich sehr, dass sie diese komplizierte und belastende sechsstündige Operation so gut gemeistert haben.« Als ich eine kleine Pause von etwa fünf Sekunden machte, weinte sie und umarmte mich, ohne ein Wort zu sagen. Die gute Nachricht hatte sie wirklich erreicht. Sie ist nicht untergegangen.

Besonders wirksam kann das sein, wenn auch die gute Nachricht gemeinsam entgegengenommen wird. »Angehörige« klingt immer gleich nach Sterben und Tod und Trauer. Aber sie können ihren Platz an unserer Seite doch auch haben, wenn wir eine gute Nachricht erwarten – oder zumindest erhoffen. Breaking Good News! Eine gute Freundin von mir, Anna, ist ebenfalls Ärztin. Eigentlich wollte sie Kunstgeschichte studieren. Sie liebt das Malen so sehr, schon seit sie denken kann. Am liebsten malt sie Vögel. Dass sie dann doch Medizinerin wurde, war ein Wunsch ihrer Eltern, die ebenfalls Ärzte waren und ihre eigenen Praxen hatten. Ihr Vater war Herzspezialist, ihre Mutter eine beliebte Hautärztin. Jede freie Minute nutzte Anna zum Malen, doch viele freie Minuten hatte sie als Notärztin mit mehr als sieben Nachtdiensten im Monat nicht. Sie bewarb sich dann bei einer Galerie in Schöneberg, die eine Ausstellung mit neuen Künstlerinnen plante. Lange zweifelte sie, ob sie daran teilnehmen sollte. Sie wünschte sich endlich eine Bestätigung für ihre künstlerische Neigung, hatte aber zugleich Angst davor, enttäuscht zu werden, sollte sie abgelehnt werden. Drei Bilder reichte sie bei der Galerie ein, und man sagte ihr, dass es etwa eine Woche dauern würde, bis die Auswahl getroffen sei. Anna versuchte, sich in diesen Tagen mit noch größerem beruflichen Einsatz abzulenken, es gelang ihr aber nicht. Dann kam die Nachricht, endlich: »Wir freuen uns, Ihnen mitteilen zu dürfen, dass Ihre Bilder von einer unabhängigen Jury für unsere nächste Ausstellung ausgewählt wurden.« Sie freute sich so sehr, dass sie weinte, weinte wie noch nie zuvor. Dann wollte sie ihrer Schwester und ihren Eltern von dieser guten Nachricht erzählen, um sich mit ihnen gemeinsam zu freuen. Weder die Schwester noch die Eltern, noch ihre beste Freundin waren aber in diesem Moment zu erreichen. Neben dem unglaublichen Glücksgefühl schlich sich ein Gefühl von Traurigkeit und Einsamkeit bei ihr ein.

Sie freute sich, war aber traurig, dieses Glücksgefühl nicht mit anderen ihr so wichtigen Menschen teilen zu können. Daher nahm sie sich vor, zu versuchen, bei den schönen Anlässen im Leben ihrer Liebsten stets präsent zu sein und sich mit ihnen aufrichtig zu freuen. Es war für sie ganz klar, dass das ebenso wichtig ist, wie in Momenten des Leids oder eines schweren Schicksals die Trauer zu teilen.

Die gute Nachricht kann als Puffer dienen, um Schmerzen oder Ängste aufzufangen. Die schlechten Nachrichten einzuordnen und abzudämpfen. Jeder von uns kommt früher oder später in diese Situation. Wir können den Zeitpunkt nicht beeinflussen, aber wir können uns darauf vorbereiten und uns von den guten Dingen, die uns täglich begegnen, nähren. Denn gute Nachrichten machen stark, gute Nachrichten verbinden mit dem Leben, verbinden mit der Liebe zum Leben. Gute Erfahrungen, gute Nachrichten geben uns die notwendige Widerstandskraft gegen das Unvorhergesehene, Schicksalhafte; sie geben uns die Kraft, uns den schlechten Nachrichten des Lebens entgegenzustellen.

Die Schachblume

Es ist Dienstag, Chefarztvisite auf der Station. Vor wenigen Minuten haben wir die Computertomografie einer 53-jährigen Patientin in unserer sogenannten Tumorkonferenz besprochen. Die Patientin wurde gestern mit dem Krankenwagen eingeliefert. Das linke Bein war plötzlich angeschwollen und sie litt an Atemnot und Erschöpfung. Erst vor einigen Tagen hatte sie den zweiten Zyklus einer Chemotherapie erhalten. Bis auf die zunehmende Schwäche hatte sie den ersten Zyklus gut angenommen, nur die dunklen langen Haare fielen ihr aus. Übelkeit oder Erbrechen waren nicht aufgetreten. Lungenembolie bei Beinvenenthrombose und pulmonal metastasiertem Leiomyosarkom war die Diagnose. Das Leiomyosarkom ist eine seltene und aggressive Krebserkrankung der Gebärmutter. Bei dieser Patientin hatte der Krebs bereits in die Lunge gestreut, daher die Chemotherapie und keine Operation der Gebärmutter.

Und nun das Blutgerinnsel in der Lunge. Bevor wir das Zimmer betreten, ruft die Kollegin mir zu: »Sie weiß es noch nicht, Herr Professor.« Ich schaue sie dankbar an und öffne die Tür. Begleitet von zwei Ärzten, der Stationsschwester und einer Ernährungsberaterin gehe ich zum Bett der Patientin. Sie ist allein im Zimmer. Ich gebe ihr die Hand und frage: »Wie geht es Ihnen heute?«

»Heute geht es mir schon ganz gut«, sagt sie mit kräftiger Stimme und scheint sich über unseren Besuch zu freuen. Vor ein paar Tagen hatte ich sie kurz gesprochen, da ging es ihr deutlich schlechter.

»Was macht die Atmung?«, frage ich weiter.

»Auch viel besser.«

»Und das Bein?«

»Das Bein schwillt ab, die Blutverdünnungstherapie scheint gut zu helfen, Herr Doktor.« Ich versuche ihr zu erklären, dass das Blutgerinnsel in der Lunge eine kritische Situation darstellt und sie mit Unterstützung der Physiotherapie die Lungenfunktion trainieren soll, um eine Lungenentzündung zu vermeiden. »Ich bin heute schon zwei Treppen gelaufen und ich übe auch fleißig mit diesem Pustegerät.« Sie zeigt dabei auf das Triflo, ein kleines Atemgymnastikgerät, bei dem man versucht, mit dem Atem drei kleine Bälle zu bewegen.

»Wenn während einer Krebserkrankung ein Blutgerinnsel auftritt, ist das häufig ein Zeichen, dass der Krebs trotz der Chemotherapie weiter wächst«, sage ich und mache eine Pause. Sie schaut mich an, alle anderen schweigen. Nach etwa fünf Sekunden sagt sie: »Dann operieren sie doch den Krebs endlich weg.«

Ich lasse diese Bitte vorerst unkommentiert und berichte stattdessen über die Ergebnisse unserer Tumorkonferenz, bei der die verschiedenen Vertreter der Fachdisziplinen wie Pathologie, Strahlentherapie und Gynäkologie alle Behandlungsoptionen der einzelnen Patienten detailliert besprechen. Ich atme tief durch und versuche langsam zu sprechen. »Die Untersuchung, die wir wegen des Blutgerinnsels und der Atemnot durchgeführt haben, hat auch die Lungenmetastasen abgebildet. Das Ergebnis ist leider nicht gut.«

Pause.

»Ich habe es mir gedacht, Herr Doktor, also macht die Operation keinen Sinn, oder?«

»Ja, so ist es, eine Operation macht keinen Sinn, da die Krebsabsiedlungen in der Lunge im Vordergrund stehen«, antworte ich.

»Was können wir tun?«, fragt sie mich.

»Die Situation ist sehr schwierig. Grundsätzlich besteht die Möglichkeit, auf eine andere Krebstherapie zu wechseln, eine Heilung gibt es aber nicht.«

Sie schaut kurz aus dem Fenster. »Was kann die Therapie denn erreichen?«, fragt sie weiter.

»Im besten Fall, Ihre Beschwerden für eine gewisse Zeit zu verbessern und das Tumorwachstum zu bremsen.«

»Wie lange ist ›eine gewisse Zeit‹?«, hakt sie nach.

»Das ist bei jedem Menschen anders. Bei einigen nur wenige Wochen, bei anderen mehrere Monate.«

»Und wie ist es mit den Nebenwirkungen?«

»Insgesamt wird die Therapie meist gut vertragen, aber keine Wirkung ohne Nebenwirkungen«, antworte ich und füge hinzu: »Körperliche Schwäche, Übelkeit und Blutarmut sind die häufigsten Nebenwirkungen.«

»Und was kann ich gegen diese Nebenwirkungen selbst tun?«

»Als Erstes: Vorbereitet sein und den Arzt bei jeder Gelegenheit über alle Nebenwirkungen informieren«, ist mein Rat. »Gehen Sie viel an die frische Luft, seien Sie auch körperlich aktiv, ernähren Sie sich gesund, arbeiten Sie gegen die körperliche Schwäche und verbringen Sie Zeit mit Menschen, die Sie lieben und die Ihnen helfen können. Das sind meine Ratschläge.«

»Und was wäre die Alternative zur anstrengenden Krebstherapie?«, fragt sie mich.

»Es ist ihr gutes Recht, auf die Chemotherapie zu verzichten und die verbleibende Zeit nicht mit der Behandlung von Nebenwirkungen der Krebstherapie zu verschwenden.«

Sie schaut mich an. »Herr Doktor, vielen Dank für Ihre Ausführungen, ich bin nun etwas müde«, antwortet sie.

Ich biete ihr an, das Gespräch morgen weiterzuführen, damit sie die heutigen Informationen mit ihrer Familie besprechen kann. Sie schaut für einen Augenblick zur Seite, richtet den Blick dann aber schnell wieder auf meine Augen und meint: »Nein, ich hatte schon vor diesem Gespräch entschieden, dass ich eine weitere Krebstherapie auf mich nehme. Das, was Sie mir jetzt erklärt haben, hat meine Entscheidung noch bestärkt, dafür danke ich Ihnen.« Ich bin etwas überrascht, versuche es mir aber nicht anmerken zu lassen.

»Was war die bisher schlimmste Nachricht in Ihrem Leben?«, will ich von ihr wissen. Sie überlegt, ist irgendwie nicht überrascht und antwortet: »Ich kann das nicht sagen, es war alles bisher nicht so schlimm.«

»Was war denn die bisher schönste Nachricht in Ihrem Leben?«, frage ich weiter. Sie überlegt, scheint wieder nicht überrascht zu sein: »Das weiß ich auch nicht.«

Den Kolleginnen und Kollegen, der Schwester und der Ernährungsberaterin ist es irgendwie unangenehm, dass sie keine Antwort weiß. Ein seltsames Gefühl liegt in der sterilen Luft des Krankenhauses. Eine Stimmung, als ob bei der Visite wichtige medizinischen Befunde verschwiegen worden wären. Ich verabschiede mich mit der

Bitte, über meine letzten beiden Fragen nachzudenken, und kündige an, nächste Woche bei der Chefarztvisite nachfragen zu wollen.

Eilig laufe ich vier Treppen nach unten, ich muss in die Poliklinik im Parterre, zwei Patientinnen warten dort auf mich. Die Treppen sind glatt, es wurde anscheinend erst vor wenigen Minuten gewischt. Ich muss aufpassen, dass ich nicht stürze, aber die unbeantworteten Fragen nach der schönsten und schlimmsten Nachricht beschäftigen mich weiter. Ich wiederhole die Fragen: »Was war bisher die schlimmste Nachricht in ihrem Leben, was war die schönste Nachricht?« Noch zwei Treppen bis zum Erdgeschoss, meine Schritte hallen im Flur. Die Fragen verändern sich und ich sage zu mir selbst: »Was war meine schlimmste Nachricht, was war meine schönste Nachricht in meinem bisherigen Leben?« Ich entschleunige, die Fragen entschleunigen mich. Ich denke nach, will aber vorerst keine Antwort finden, ich möchte mir Zeit dafür nehmen. Vielleicht will ich sie auch unbeantwortet lassen? Ich erreiche die Poliklinik, beide Patientinnen werden begleitet. Die jüngere hat ihre Mutter dabei, bei der älteren – sie ist 73 Jahre alt – ist der Ehemann mitgekommen. Ich öffne die Tür und bitte die ältere Dame ins Sprechzimmer.

Wir kennen uns schon lange und begrüßen uns herzlich. Ihr geht es wieder besser und ich frage sie ziemlich unvermittelt: »Was war die bisher schönste Nachricht in Ihrem Leben?«

»Die Geburt meiner Tochter!«, sagt sie sofort.

»Und Ihre?«, frage ich den Mann, der wahrscheinlich zwei, drei Jahre älter ist als seine Frau. Sein Gesicht zeugt von viel Lebenserfahrung, zudem hatte er bereits zwei Herzinfarkte und eine Darmkrebsoperation.

»Meine schönste Nachricht – es muss irgendwann im Spätsommer 1942 gewesen sein – es war, als ein russischer Soldat mich im Krieg mit den Worten: ›blin Hitler‹ anschrie, was wohl ›verdammter Hitler‹ heißt, und anschließend sein Gewehr mit Schüssen über mich in Richtung des Dachbodens in einem alten Haus leerte. Er ließ mich am Leben.«

»Und was war die schlimmste Nachricht?«, frage ich ihn.

»Die Diagnose Eierstockkrebs bei meiner Frau«, antwortet er, ohne zu zögern. Ich schaue seine Frau an, sie schweigt und lächelt, als ob sie die Antworten schon kannte.

Ich verabschiede beide, danke ihnen für ihre ehrlichen Antworten und verstehe mehr und mehr, dass es weniger um die Nachrichten als um die Ereignisse geht. Ich frage nach Nachrichten und sie antworten mir mit einer Beschreibung eines bewegenden Moments oder eindrücklicher Erlebnisse. Sollte es statt »Übermittlung schlechter Nachrichten« nicht vielmehr »Begleitung von schwierigen Lebenssituationen« heißen?

Der Fokus auf die Nachricht verdeckt vielleicht nur den Blick auf das Ereignis und dessen Wirkung und Nebenwirkung auf das weitere Leben des Menschen. Hierbei geht es nicht darum, sich alle möglichen Schwierigkeiten und Probleme bewusst zu machen, das würde nur das emotionale Entsetzen verstärken. Es geht vielmehr darum, zu erkennen, dass das momentane Gespräch sehr wichtig ist, aber sich in unzählige und viele weitere notwendige Gespräche einzureihen hat. Diese Achtsamkeit für den Moment kann für das anstehende Gespräch entlastend sein, da nicht alles in diesem einen Dialog gelöst werden muss. Versuchen Sie daher, das Gespräch nicht zu überlasten, verteilen Sie die Last auf mehrere Termine und auf verschiedene Schultern. Geben Sie dem Menschen, dem Sie die schlechte Nachricht überbringen müssen, Zeit, sich von den einzelnen Lasten auszuruhen, lassen Sie sich selbst Zeit, sich von den Lasten auszuruhen. Konzentrieren Sie sich auf das Gespräch, aber auch darauf, wie Sie dem betroffenen Menschen dabei helfen können, aus dem Tragen der Last ein Bewegen der Last zu machen, ihn dabei zu unterstützen, aktiv zum Handeln zu kommen.

Nun ist die junge Patientin an der Reihe, ihre Mutter betritt als Erste den Raum, als ob sie ihn für ihre Tochter absichern wollte. Wir müssen die radiologischen Befunde besprechen. Weil sie Schmerzen hatte, und das schon seit längerer Zeit, war sie erst vor wenigen Tagen zu ihrer Frauenärztin gegangen, der Gebärmutterhals sah sehr auffällig aus. Die Gewebeprobe bestätigte den schrecklichen Verdacht: Gebärmutterhalskrebs! Die weiteren Untersuchungen sollten nun klären, ob der Krebs bereits gestreut hat und ob eine Operation, eine Bestrahlung oder eine Chemotherapie notwendig ist. Der Tumor misst fünf Zentimeter. Die Patientin arbeitet als Kindergärtnerin und wünscht sich selbst so sehr Kinder. Ich frage auch sie nach der bisher schönsten Nachricht in ihrem Leben. Ich versuche, ihr Zeit zum Überlegen zu lassen. Sie denkt nach, kann die Frage aber nicht beantworten, ihr fallen in diesem Moment keine schönen

Nachrichten aus ihrem jungen Leben ein. »Und die schlimmste Nachricht?«, frage ich. »Diese Diagnose!«, sagt sie leise.

Ich lese den Befundbericht, schaue auf den Abschnitt Beurteilung. Alle sind angespannt, die Mutter, die Patientin und auch ich spüren es. Zeile für Zeile lässt die Anspannung nach. Es gibt keinen Hinweis auf Metastasen. Ich schaue auf die Patientin, ihre Augen sind voller Tränen, sie gibt aber keinen einzigen Laut von sich, sondern wartet auf meine »Übersetzung«.

»Alle Organe und Lymphknoten sind unauffällig«, sage ich ihr. Jetzt weint und schluchzt sie vor Freude.

»Das ist die schönste Nachricht in meinem Leben!« Wir genießen alle die Freudentränen und wollen diesen schönen Moment festhalten.

»Herr Professor, darf ich Ihnen ebenfalls meine schönste Nachricht erzählen?«, fragt die Mutter mich, noch mit Tränen im Gesicht. Ich nicke. »Es war bei der Geburt meines Sohnes. Er war gerade auf die Welt gekommen, gab aber keinen einzigen Ton von sich, eine beängstigende Stille machte sich breit. Alle warteten auf das Schreien, auf die ersten Atemzüge meines Babys, aber sie kamen nicht. Die Stille wurde schwerer und schwerer. Alle machten sich große Sorgen. Wir alle schauten ängstlich in sein Gesicht – und er? Er pinkelte in hohem Strahl auf die Arme der Hebamme und fing endlich an zu schreien. Das war meine schönste Nachricht!«

Abends auf dem Nachhauseweg frage ich mich, ob wir manchmal erst schlechte Nachrichten, schlechte Momente erleben müssen, um unsere Sinne und unseren Verstand für das Gute und Positive zu schärfen. Wie groß muss eine gute Nachricht sein, damit wir sie beachten? Hat aber nicht jede gute Nachricht das Recht, beachtet zu werden?

Es ist wieder Dienstag, heute treffe ich erneut die Patientin mit dem Leiomyosarkom. Ich hatte sie ja gebeten, mir meine Fragen zu beantworten. Sie liegt in Zimmer 14, also in der Mitte der Krankenstation. Ich überlege kurz, ob ich die Visite heute bei Zimmer 14 beginne, aber der Gedanke ist kaum zu Ende gedacht, als ein Nein in mir aufsteigt: Nein, bleib trotz deiner Neugier heute bei dem gewohnten Ritual, auch aus Respekt vor den anderen Patienten. Und wie willst du das überhaupt deinen Mitarbeiterinnen und Mitarbeitern erklären, dass du von der Mitte beginnst? Ich hatte zwar schon häufig die Visite in bestimmten Zimmern begonnen, da ging es aber um medizinische Probleme der Patienten, wie plötzliche Luftnot oder starke Schmerzen, aber jetzt wäre nur meine Neugier der Grund für die Änderung des Rituals.

Rituale sind sensible Instrumente im medizinischen Alltag, nicht alle sollten unkritisch übernommen werden und unangetastet bleiben. Im Gegenteil, viele Rituale in der Medizin sind sogar falsch. Aber in diesem Moment bleibe ich bei dem typischen Beginn der Visite in Zimmer 1. Nach etwa 30 Minuten stehen wir vor Zimmer 14. Die Patientin scheint uns bereits zu erwarten. Ich frage sie, wie es ihr geht. Die Atmung ist deutlich besser geworden, auch das Bein ist abgeschwollen. »Wie sind die anderen Blutwerte?«, frage ich die Assistentin.

»Sehr gut, auch die Blutarmut ist nicht mehr vorhanden.«

»Dann können wir jetzt die nächste Krebstherapie konkret planen, oder?«, frage ich sowohl die Patientin als auch die Kollegin. Als hätten sie es eingeübt, antworten beide synchron: »Ja.«

»Gut, dann würde ich vorschlagen, die Behandlung morgen oder übermorgen zu beginnen, die Ärztin wird mit Ihnen die Details nach der Visite besprechen«, füge ich hinzu.

»Herr Professor, sie hatten mir ja noch eine Aufgabe gestellt«, sagt die Patientin zu mir.

»Ja, weniger eine Aufgabe, eher eine Bitte«, antworte ich. »Und haben Sie Antworten gefunden?«

Sie lächelt und bittet mich, hinter den Vorhang zu schauen. »Vor dem Fenster finden Sie meine Antwort.« Ich öffne den Vorhang und sehe neben den Vasen mit Nelken und Tulpen eine noch in Papier eingepackte Pflanze. Sie hat eine glockenförmige, purpurfarbene Blüte mit einem auffälligen Schachbrettmuster auf ihren Blütenblättern. Es hängt eine Karte an der Pflanze. »Bitte nehmen Sie diese Pflanze und lesen Sie die wenigen Zeilen«, sagt sie mir. Ich bedanke mich und wir verlassen das Zimmer.

Vor der Tür lese ich die Karte: »Vielen Dank für die direkten Fragen. Ich glaube, ich habe sie mir schon häufig gestellt, das war mir aber wohl nicht bewusst. Ich schenke Ihnen diese Pflanze, eine Schachblume. Ich habe diese Blume ausgesucht, weil sie zum einen die Verletzlichkeit der Natur, des Lebens beschreibt, da sie vom Aussterben bedroht ist. Und weil sie mich andererseits an die Schwarz-Weiß-Felder des Schachbretts erinnert hat und gut zu meiner Antwort passt: Dass es nämlich keine Schwarz-Weiß-Antwort auf Ihre Fragen geben kann, sondern es sich höchstens um Kontraste handelt.«

Das Gute im Schlechten – auf das Timing kommt es an

Eine Studie konnte eindrucksvoll zeigen, dass es sowohl für die erste emotionale Reaktion als auch für den weiteren Verlauf des Lebens wichtig ist, wie eine Nachricht – und was für eine Nachricht – als Erstes auf einen zukommt. Denn es ist die zuletzt übermittelte Nachricht, die länger im Gedächtnis bleibt als die zuerst übermittelte. Angela Legg und Kate Sweeny von der University of California in Riverside führten ein interessantes Experiment durch. In dieser Studie musste die eine Hälfte der Probanden der anderen Hälfte eine unmittelbare Rückmeldung auf den absolvierten Test kommunizieren, bei dem es sowohl positive als auch negative Ergebnisse für jeden Versuchsteilnehmer zu formulieren galt. 78 Prozent der Empfänger zogen die schlechte Nachricht der guten Nachricht vor, 54 Prozent der Überbringer hingegen gaben an, sie würden lieber zuerst die gute Nachricht mitteilen wollen. Das demonstriert einmal mehr, dass die Empfänger eher die schlechte Nachricht erfahren wollen, um sich ihr stellen zu können. Die Überbringer der Nachrichten dagegen neigen dazu, erst die gute Nachricht zu übermitteln, um ihr Gegenüber und vielleicht auch sich selbst erst einmal auf die Bad News sanft vorzubereiten.

In einem weiteren Experiment wurden die Probanden gebeten, sich nun in die Rolle des Gegenübers zu versetzen. Nach diesem Perspektivwechsel wollten tatsächlich die Überbringer der Nachrichten erst die schlechte Nachricht übermitteln. Im letzten Experiment schauten sich die Forscherinnen nun abschließend an, wie sich die Reihenfolge der Nachrichten auf das Verhalten (Selbstkritik, Bereitschaft, aus Fehlern zu lernen) der Empfänger auswirkte. Die Wissenschaftlerinnen schlussfolgerten, dass sich der Empfänger insgesamt besser fühlt, wenn er die gute Nachricht zuletzt erfährt. Soll es aber darum gehen, aus der schlechten Nachricht persönliche Lehren zu ziehen, dann ist es besser, die schlechte Nachricht nach der guten Nachricht zu vermitteln.

Heute traf ich den Ehemann einer Patientin. Er ist Rabbiner und ein wunderbarer Mensch: weise und fürsorglich seiner Frau gegenüber, sehr belesen und welterfahren, er spricht fließend Arabisch. Inzwischen hat er mehr als fünfzig Jahre Erfahrung darin, Menschen zu helfen, ihnen Trost zu spenden und Antworten auf schwierige und schöne Lebenserfahrungen zu geben. Ich fragte ihn, ob er jemals eine schlechte Nachricht überbringen musste und wie das für ihn war. Er überlegte kurz und sagte dann, dass er meist nicht als Erster eine Nachricht überbringen muss, sondern eher dazukommt, um Kraft zu geben und Beistand zu leisten. Aber an eine Gelegenheit erinnerte er sich: »Die Mutter eines Jungen, der gerade seine Bar-Mizwa – die Feier zur religiösen Mündigkeit im Judentum – feierte, bat mich, ihm zu sagen, dass sein Vater vor wenigen Stunden überraschend verstorben war.«

»Und wie haben Sie es dem Jungen beigebracht?«

»Ich habe ihn feiern lassen, er hat es so genossen. Er dachte, sein Vater wäre einfach früh nach Hause gegangen, weil er seit einigen Tagen sehr müde von einer Grippe war. Sein Vater hatte sich nie bei irgendjemandem abgemeldet, auch nicht bei seiner Familie, das war er so gewohnt. Am späten Abend ging ich dann zu ihm und sagte, dass ich ihm nach dieser wunderbaren Feier nun eine sehr traurige Nachricht überbringen müsse. Seine Mutter schwieg und nahm seine Hand. Sie schwiegen die ganze Nacht und ließen nicht mehr voneinander. Erst am nächsten Tag mussten sie weinen.«

»Und was hat dem Jungen geholfen?«, fragte ich.

»Ich traf ihn später wieder, und er erzählte mir, dass er dankbar war, dass er die Todesnachricht erst nach seiner Bar-Mizwa erhalten hatte.« Er hatte gedacht, dass auch der Vater sich bei diesem Fest amüsiert und wie alle das Fest genossen hatte. »Es war unser Fest.«

Zurück in der Sprechstunde

Frau Professor Steinführer ist wieder in meiner Sprechstunde. Ihr geht es deutlich besser, sie hat die Bestrahlung erstaunlich gut vertragen, es sind keine wesentlichen Nebenwirkungen aufgetreten, also keine Übelkeit, kein Erbrechen, auch keine Gedächtnisstörungen. Dennoch wirkt sie angeschlagen. Gestern war sie zu einer Computertomografie, heute wollen wir den Befund besprechen. Ihre Atmung ist wieder besser geworden. Wir hoffen, dass dies ein gutes Zeichen dafür ist, dass die Lungenmetastasen nicht weitergewachsen sind. Andererseits waren unter der Krebstherapie die Hirnmetastasen gewachsen, der Brustkrebs war anscheinend resistent geworden. Wir lächeln uns etwas hilflos an und schauen dann gemeinsam in den Befund des Radiologen. Es ist viel Text und ich suche nach den Schlagworten: Thorax, was Brustkorb, und pulmonale Filiae, was Lungenmetastasen bedeutet. Die Lungenmetastasen sind nicht gewachsen! Sie sind regredient, also sogar kleiner geworden!

Wir freuen uns für eine kleine Weile über die gute Botschaft, als ob wir es so erwartet hätten, und besprechen dann, dass wir die aktuelle antihormonelle Therapie insgesamt so belassen und die Situation in zwei Monaten neu bewerten werden. Dann soll auch die Gehirn- und Lungensituation mittels Computertomografie untersucht werden. Wir umarmen uns und schauen noch gemeinsam nach dem nächsten Termin.

Moskau

Ich bin in Moskau, einer sagenhaften Stadt. Welch großartige Kultur, die mir bisher verborgen war! Nach meinem Vortrag über neueste Aspekte der Krebsmedizin und Kommunikation im Staatskrankenhaus kommt eine junge Ärztin zu mir, die sehr gut Deutsch spricht: »Herr Professor, darf ich Sie fragen, wie man am besten lernt, mit den Patienten zu sprechen und ihnen schlechte Nachrichten zu übermitteln?«

»Sammeln Sie die Geschichten Ihrer Patienten, lernen Sie zu beobachten, fragen Sie Ihre Patienten, was ihnen hilft, was ihnen bei den Gesprächen Angst macht, sie schwächt. Fragen Sie Ihre Patienten, was nach den Gesprächen passierte – am selben Abend, am nächsten Tag, Monate und Jahre später – und woran sie sich erinnern, welche Farben, welche Stimmung im Raum war. Vergleichen Sie es mit Ihren eigenen Erfahrungen und Erinnerungen. Begleiten Sie Ihre Kollegen bei den schwierigen Gesprächen, aber auch bei den positiven Botschaften, studieren Sie die Trauer und die Freude der Patienten, dann finden Sie Ihre eigenen Antworten.«

Das ist das Geheimnis der Kunst der Übermittlung der schlechten Nachrichten.

Anstelle einer Autorenbiografie: Meine traurigste und meine schönste Nachricht

Was waren die besonderen Nachrichten in meinem bisherigen Leben? Mein Verstand wehrt sich gegen die Suche nach Antworten. Die Gedanken schweifen nur kurz umher, dann scheinen sie einen bekannten Weg in meinem Kopf zu finden. Ich erkenne einige Stichwörter: Mutter, Tod, Benachrichtigung über die Zuteilung eines Studienplatzes für Medizin.

Ohne Zweifel war die Nachricht vom Tod meiner Mutter einer der schmerzhaftesten Momente in meinem Leben. Ich habe die Geschichte gegenwärtig, ohne dass ich mich wirklich zu erinnern brauche, sie ist in mir eingebrannt. Mein Schwiegervater und ich waren auf dem Weg zu einem Vortrag in der Berliner Charité. Es war Viertel vor neun, wir kamen aus Kreuzberg, wo Adak, meine Frau, lebte. Der Frühling verlieh dem frühen Tag eine seltsame Farbe. Wir hörten Nachrichten im Radio, aus Berlin und dem Rest der Welt, keine schien aber wirklich wichtig zu sein. Wir fuhren in die Unterführung am Hauptbahnhof, es wurde immer dunkler und der Radioempfang immer schlechter, bis er ganz abbrach. Plötzlich klingelte das Handy. Ich schaute auf das Display und wunderte mich darüber, dass dort der Name meines Schwagers stand: Nabil.

»Er ruft doch nie so früh an«, sagte ich zu meinem Schwiegervater. Ich drehte am Radio, bis die Stimme des Nachrichtensprechers endlich verstummte. Ich konnte es nicht glauben, was er sagte. Ich wollte es nicht glauben, was er mit leisester Stimme übermittelte. Wieder und wieder sagte ich mit einem traurigen Schrei, dass es nicht wahr sein kann. Das Auto fuhr weiter, aber ich konnte nur aus dem Fenster schauen, sehen konnte ich nichts, meine Lippen bebten. Adak sah mich an, als ob sie wüsste, was geschehen war. Ich wünschte mir, dass die Zeit vor dem Anruf meines Schwagers einfach stehen geblieben wäre. Für einen Augenblick hatte ich das Gefühl, es würde mir gelingen. Ich war wie im freien Fall, ich fuhr aus dem Tunnel und fragte Adak, was ich nun tun sollte, es war eine ehrlich gemeinte Frage. »Du musst den Vortrag absagen und deine Geschwister anrufen«, antwortete sie.

Ich stoppte abrupt und rief meine Geschwister an, sprach mit meinem Bruder, dann mit meiner Schwester. Auch sie konnte nicht sprechen, mein Schwager versuchte, sie ans Telefon zu holen, wir schafften es nicht. Ich hörte sie weinen, wie ich sie noch nie weinen gehört habe. Mein ältester Bruder war stumm vor Trauer. Auch ohne Worte waren wir alle im Schmerz verbunden. Wenn ich an den Anruf meines Schwagers denke, kommt diese Geschichte immer als Ganzes in mir hoch, einzelne Teile dieser Geschichte scheint es nicht zu geben.

Und was war meine schönste Nachricht? Ich muss nicht lange überlegen: Es war ein Brief von der Freien Universität zu Berlin. Trotz der Demütigungen einiger Lehrer, die mir immer wieder klarmachen wollten, dass ich nicht gut genug für ein Medizinstudium sei, verfolgte ich meinen Wunsch hartnäckig. Meine Mutter liebte die Medizin, sie selbst war Analphabetin, sprach aber fünf Sprachen und war so stolz, als Stationshilfe im Weddinger Krankenhaus zu arbeiten. Auch ich war in die Medizin verliebt. Ich weiß nicht, ob das so ist, weil ich fast sechs Monate als kleiner Junge wegen eines Verkehrsunfalls im Krankenhaus lag und die Ärzte so bewunderte, wie sie die anderen Kinder und mich gesund machten.

Ich hatte damals große Angst. Besonders traumatisch erlebte ich das regelmäßige Wechseln meines Gipses. Ich schrie so laut, wie ich konnte, wenn der Arzt mit einer Säge vor meinem Gipsbein stand und die Krankenschwestern mich festhielten. Damals dachte ich, dass das medizinische Personal keine Zweifel kennt. Dieses sichere Gefühl half mir damals sehr.

Jedenfalls liebe ich die Medizin noch heute. Ich erinnere mich sehr gut an die eine Stunde im letzten Schuljahr auf dem Gymnasium. Der Biologielehrer fragte jeden von uns, was er nach dem Abitur machen wolle. Güray, mein Freund, sagte stolz, dass er Ingenieur werden wollte. Petra, die Klassenbeste, wollte Apothekerin werden. Dann war ich an der Reihe. »Ich will Medizin studieren«, sagte ich, weil ich mich nicht traute zuzugeben, dass ich Arzt werden wollte.

»Medizin?«, fragte der Lehrer und lächelte gemein.

»Ja, Medizin«, antwortete ich.

»Lieber Jalid, das wird leider nichts, mit einer Drei in Biologie. Am besten suchst du dir einen anderen Beruf.« Ich sagte nichts mehr, was sollte ich auch sagen?

Ich schloss mein Abitur mit einem Durchschnitt von 2,3 ab. Meine ganze Familie und auch ich selbst waren stolz darauf. Ich hatte mit Abstand die beste Note unter meinen Freunden. Trotzdem war ich damit weit vom Numerus clausus entfernt, der damals bei einem Durchschnitt von 1,3 lag. Ich hörte davon, dass einige sich für andere Studienfächer, wie Chemie oder Physik, eingeschrieben hatten, um später als sogenannte Quereinsteiger in die Medizin zu wechseln. Dafür brauchte es freilich eine Menge Glück und Geduld, allein um Seminare besuchen zu dürfen und zu den Prüfungen zugelassen zu werden. Ich erhielt die Möglichkeit, Jura zu studieren, entschied mich aber dazu, im damaligen Rudolf-Virchow-Krankenhaus eine Ausbildung zum Krankenpfleger zu machen. Ich versprach mir davon, auf diese Weise mehr über die Medizin zu lernen. Ich erinnere mich sehr gut an meine ersten Einsätze als Krankenpflegeschüler auf der Chronikerstation – heute würde man geriatrische Station sagen. Das frühe Aufstehen fiel mir nicht leicht, aber um sechs begann das Waschen der Patienten, und damit wiederum hatte ich keine Schwierigkeiten. Was mir aber zu schaffen machte, war der Geruch des Urins. Ich hatte das Gefühl, dass mich der scharfe Geruch den ganzen Tag verfolgte, auch zu Hause. Ich klagte meiner Mutter mein Leid: »Mutter, ich glaube, ich schaffe die Ausbildung nicht, mir wird so schlecht von dem Uringeruch.« Meine Mutter hörte mir geduldig zu, als mein Bruder ins Zimmer kam. Er war gerade dabei, seinen ersten Schuhladen für Über- und Untergrößen in Steglitz zu eröffnen, und hatte einen großen, dunklen Karton dabei. »Guten Tag, mein Sohn!«, rief meine Mutter ihm zu. »Was hast du da?«, fragte sie.

»Parfümflaschen, ganz viele teure Parfümflaschen.« Er stellte den Karton auf unseren schweren Marmortisch. Mutter öffnete ihn und zog erst eine Flasche und dann einige kleine Duftproben heraus. »Alain Delon« stand auf den Etiketten. Mutter schaute mich an und legte mir zwei der Duftproben in die Hand. »Tupf dir morgen ein paar Tropfen unter deine Nasenlöcher und versuche es damit.« Ich schaute skeptisch, nahm aber die Duftproben und wartete auf die Prüfung am nächsten Tag. Und es funktionierte tatsächlich! Heute brauche ich keine Düfte mehr bei meiner Arbeit, nur eines ist davon übrig geblieben: Sobald ich auf der Straße jemandem begegne, der dieses Parfüm an sich hat, denke ich an die lehrreiche Zeit auf der geriatrischen Station.

Einige Wochen später war ich zum Auswahlgespräch an der

Freien Universität eingeladen. Per Losverfahren wurde eine verschwindend geringe Anzahl der Studienplätze direkt von den Universitäten vergeben. Der überwiegende Anteil der Studienplätze wurde nach den Abiturnoten und den Ergebnissen eines sogenannten Medizinertests vergeben. Bei diesem Medizinertest wurden angeblich für das Medizinstudium wichtige Intelligenzleistungen wie logisches Denken, räumliches Vorstellungsvermögen und mathematische Leistungen abgefragt. Trotz meiner Investition von 450 Mark in den Vorbereitungskurs eines geschäftstüchtigen Psychologen schaffte ich auch hier keine Sonderleistung. So hatte ich mich auf eine lange Wartezeit eingestellt, und nun bekam ich diese Einladung zum Auswahlgespräch. Am 17. März 1989 schließlich – ich weiß es noch, als wäre es gestern gewesen, es war ein Freitag, Marc Almond und Gene Pitney führten mit ihrem Song »Something's Gotten Hold of My Heart« die Chartsliste an – erhielt ich die heiß ersehnte Zusage für einen Medizinstudienplatz an der Freien Universität zu Berlin.

Und wie ging es mit Susanne Sieckler weiter?

Mit ihrer Geschichte habe ich das Buch begonnen, mit ihrer Geschichte möchte ich es beenden. Sie hatte ja die schlechte Nachricht von der Ärztin Dr. Fernandez-Meier erhalten, die für ihre Kollegin eingesprungen war und der Patientin mitteilen musste, dass der Krebs trotz der Chemotherapie weitergewachsen war. Susanne nahm die Botschaft gefasst auf, das lange Warten auf die Ärztin hatte sie schnell vergessen. Sie schaffte es, pünktlich zum Laternenfest ihrer Tochter zu kommen. Das war ihr einziges Ziel an diesem Tag. Nicht der Befund, nicht der neue Therapieplan, sondern nur das Laternenfest.

Es ging zum Prager Platz, vorbei an der ehemaligen Wohnung von Erich Kästner, durch die Straßen ihrer Kindheit. Es war wunderbar, und als sie und ihr Kind gemeinsam sangen, gab es keine Krankheit, keine schlechten Befunde, keine schlechte Nachricht. Nur das so gute Gefühl, am Leben zu sein. »Meine Tochter war so stolz auf ihre Laterne, die wir gemeinsam gebastelt hatten, einen rosa Drachen aus Pappmaschee. Es war eines der schönsten Erlebnisse in meinem bisherigen Leben«, sagte sie mir, als ich sie einige Monate später wiedersah.

Frau Sieckler wird aktuell im Rahmen einer Studie unter einer sogenannten Erhaltungstherapie mit einem neuen Krebsmedikament behandelt. Sie verträgt es sehr gut. Der Tumor sei zum Stillstand gekommen, sagt sie mir bei unserem Wiedersehen in der Poliklinik. Als wir uns gerade verabschieden wollen, kommt in diesem Moment ihre Ärztin vorbei. Also wirklich ihre Ärztin – zu der sie das meiste Vertrauen hat. Es ist die Kollegin, die sie seit Monaten betreut, es ist die Ärztin, die ihr die schlechteste aller Nachrichten an dem Tag des Laternenfests übermittelte, es ist Frau Dr. Fernandez-Meier.

Anhang: Hilfe für Helfer, für Empfänger, für Angehörige

Kurzfassung der SPIKES-Methode
(Vgl. im Literaturverzeichnis Baile et al. 2000.)

1. **S** – **S**etting up the interview: Vorbereitung, Rahmenbedingungen, Räumlichkeit, Störungen vorbeugen und sie minimieren, vertraute Person des Patienten einbeziehen.
2. **P** – Assessing The Patient's **P**erception: Aufnahmefähigkeit + Informations- und Kenntnisstand, Erwartungshaltung abklären, »before you tell – ask«.
3. **I** – Obtaining the Patient's **I**nvitation: Wie offen wird die Information gewünscht? Nicht das Recht auf Nichtwissen ignorieren (abfragen), welche nahestehende Person sollte beim Gespräch anwesend sein?
4. **K** – Giving **K**nowledge and Information to the Patient: Vor der Übermittlung der schlechten Nachricht das Ziel des Gesprächs klären und stets mit einer Warnung starten, bevor die eigentliche »schlechte« Nachricht überbracht wird; einfache Sätze wählen, nicht das Gespräch mit zu vielen Informationen überfrachten, Sprachpausen nach wichtigen Informationen und Botschaften einlegen, Pausen aushalten, Verständnis der wichtigen Informationen im Dialog überprüfen.

5. **E** – Addressing the Patient's **E**motions: Zuhören, die Situation und die Reaktionen des Patienten beobachten, Emotionen wahrnehmen und diese respektieren, Mitgefühl (Empathie) zeigen.

6. **S** – Providing **S**trategy and **S**ummary: Versuchen, den Patienten in die aktive Entscheidungsfindung für die nächsten Schritte einzubinden und seine Mitwirkung zulassen. Eine kurze Zusammenfassung des Gesprächs und der Abschluss mit der Einleitung des nächsten Schritts können zusätzlich Orientierung geben. Wobei die nächsten Schritte mögliche medizinische Maßnahmen wie die Einleitung einer Schmerztherapie, die Weiterleitung an andere Kollegen, die Organisation einer häuslichen Versorgung oder eine verbindliche Verabredung zu einem weiteren Gespräch sein können.

Regeln für das Überbringen einer Todesnachricht

Modifiziert nach F. Lasogga und B. Gasch (*Notfallpsychologie*, 2004)

Was tun vor dem Überbringen der Nachricht?

- Vor dem Überbringen möglichst viele Informationen über den Verstorbenen und die Angehörigen bzw. Lebenspartner einholen (Beziehungsqualität, Beruf, aktuelle Umstände).
- Die tragische Nachricht nicht telefonisch überbringen (Ankündigung des persönlichen Treffens aber möglich).
- Als Zeiteinheit etwa 15 bis 45 Minuten einplanen und sich darüber Gedanken machen, wer bei den Angehörigen bzw.

dem Lebenspartner bleiben könnte (ggf. Seelsorger und professionelle Unterstützer einbinden).

- Mit allen Reaktionen und Emotionen rechnen und diese respektieren: Wut, Weinen, Fassungslosigkeit, Verzweiflung, Teilnahmslosigkeit, Schock, Aggression.
- Professionelle Unterstützung mitbringen bzw. vorinformieren (Seelsorger, Krisenspezialisten, Notärzte) oder sekundär einbringen.

Was tun, wenn es so weit ist?

- Sich vergewissern, dass man es mit der richtigen Person zu tun hat.
- Der Überbringer sollte sich mit Namen vorstellen und die Institution nennen, bei der er tätig und was dort seine Funktion ist (Polizei, Sanitäter, Klinik und hier z. B. Sozialdienst etc.).
- Den Empfänger mit einer Warnung auf die kommende schlimme Nachricht vorbereiten. Eine kleine Pause zur Vorbereitung einhalten.
- Den Empfänger fragen, welche Anwesenden dabeibleiben oder hinzukommen sollen.
- Blickkontakt halten; versuchen Sie auch durch Ihre Körperhaltung Stabilität und Ruhe auszudrücken.
- So gut und so weit es geht, das Verhältnis von weiteren anwesenden Personen zum direkt Betroffenen klären.
- Klar, langsam und verstehbar über das Geschehene informieren, möglichst keine Fachwörter gebrauchen.
- Eindeutig von »Tod« oder »Verstorben« sprechen, nicht herumreden, jedoch nicht von »dem Leichnam«, sondern »Ihre Frau«, »Ihr Mann« oder »Ihr Kind«.
- Fragen offen und wahrhaftig beantworten.

- Dem Empfänger aktiv zuhören, bzw. Reaktionen achtsam zur Kenntnis nehmen. Nach der notwendigen Information eher wenig sprechen, Stille zulassen und nicht mit gut gemeinten Floskeln durchbrechen.
- Den Empfänger möglichst nicht allein zurücklassen, d. h. dabei behilflich sein, die nächsten Kontakte bzw. unmittelbare Schritte zu organisieren.
- Kontaktadressen und ggf. eine Liste mit Adressen hinterlassen, an die sich der Betreffende oder Angehörige und Freunde um Hilfe wenden können (Seelsorger, Selbsthilfegruppen, Notfallpsychologen usw.).

Breaking Bad News – Seminare

Für Ärztinnen und Ärzte bieten Seminare eine ideale Gelegenheit, die eigenen Kommunikationsfertigkeiten zu reflektieren und zu verbessern. Grundsätzlich wären diese Konzepte auch für andere Professionen im Gesundheitssystem, wie Krankenschwestern und Arzthelferinnen, aber auch andere Berufe, wie Polizisten oder Sanitäter, von besonderem Nutzen.

Wir versuchen, für diese Seminare die Teilnehmerzahl auf 12 bis 15 Personen zu begrenzen, um eine gewisse Intimität zu wahren und eine intensive Diskussion zu ermöglichen.

Seit fast zwanzig Jahren führe ich mit meiner Kollegin Dr. Christine Klapp derartige Intensivseminare durch. Die Teilnehmer kommen aus sehr unterschiedlichen Disziplinen: Gynäkologen, Internisten, Anästhesisten, Urologen, Notfallmediziner.

Wichtig bei der Zusammenstellung der Teilnehmer ist es,

darauf zu achten, dass keine wesentlichen Hierarchiekonflikte in der Gruppe existieren. Ich erinnere mich sehr gut an ein Seminar, bei dem eine Assistentin weinen musste, als ein Chefarzt sie in der Feedbackrunde heftig kritisierte und ihr fehlende Berufserfahrung vorwarf. Und das, obwohl ihre Gesprächstechnik für die Simulationspatientin an sich viel angenehmer und besser als seine gewesen war. Bei solchen Gelegenheiten fällt immer wieder auf, dass die Dialogfähigkeit in einem streng hierarchisch strukturierten medizinischen System mit Facharzt, Oberarzt und Chefarzt häufig eingeschränkt ist. Flache Strukturen ermöglichen zwar Diskussionen, sind aber keine Voraussetzung für konstruktive Kritik und die so wichtige gute Gesprächskultur.

Bei der Auseinandersetzung in diesen Seminaren sind vor allem die Haltung und die Kritikfähigkeit der Teilnehmer wichtig: Konstruktive Kritik üben und Kritik, selbst wenn diese nicht konstruktiv ist, selbst aushalten, das sind Tugenden, die Ärzte – aber auch alle anderen Berufsgruppen – nicht unbedingt gelernt haben. Im klinischen Alltag kennt der Arzt meist nur die Extreme der Kritik: den Blumenstrauß, die Pralinenschachtel auf der einen Seite. Auf der anderen Seite die schriftliche Beschwerde, die über den ärztlichen Direktor kommt, oder der schriftlich von einem Rechtsanwalt formulierte Vorwurf, einen Behandlungsfehler begangen zu haben. Gerade bei negativer Kritik wird viel geschrieben, aber an sich sehr wenig gesprochen. Ein Dialog findet in der Regel nicht statt. Kritik zu üben und auszuhalten ist aber lernbar.

Voraussetzung für eine gute Gesprächsatmosphäre ist, dass sich die Teilnehmer gedanklich und emotional beobachten können, ohne die Gespräche unmittelbar bewerten zu müssen. Diese Beobachtung richtet sich nicht nur auf die Gespräche und Reaktionen der anderen, sondern auch auf sich selbst, ist sozusagen der eigene Blick von außen.

Wir versuchen, die Seminare praxisorientiert zu gestalten und viel Raum zum »aktiven Zurücklehnen« und zum Diskutieren zu schaffen. Meist sind die Teilnehmer zum ersten Mal in ihrer Berufskarriere bei einem derartigen Seminar, nehmen sich zum ersten Mal Zeit, sich über das Arzt-Patienten-Gespräch bewusst Gedanken zu machen und ihre Erfahrungen mit anderen Kolleginnen und Kollegen zu teilen.

Immer wieder machen wir in unseren Kursen die Erfahrung, dass auch die Artikulation der persönlichen Erfahrungen in einer professionellen Umgebung (Kollegenschaft) für viele sehr ungewohnt ist.

Die Dauer der Seminare kann je nach Konzept und Anspruch sehr flexibel konzipiert werden. Sie reicht von einem oder zwei Tagen bis hin zu einem echten Curriculum über einige Monate mit verschiedenen Übungen wie Rollenspiele und der Einbeziehung von Simulationspatienten.

Ein zuvor vorgelegtes Programm des Kurses hilft den Teilnehmern, sich immer wieder auf die professionelle Sachebene zu konzentrieren. Auch Kurz- und Signalvorträge zu den theoretischen Hintergründen tragen dazu bei, dass die Teilnehmer sich dem Thema sowohl mental als auch emotional nähern können.

Die verschiedenen Übungen orientieren sich an Krankengeschichten aus dem klinischen Alltag. Die Teilnehmer sind ebenfalls eingeladen, eigene Erfahrungen und Patientensituationen zu den Kursen mitzubringen.

Mit den Instrumenten des Rollenspiels und dem Konzept »Simulationspatienten« werden dann diese Geschichten in die Gegenwart geholt und lebendig gemacht.

Die Rollenspiele ermöglichen es, die unterschiedlichen Perspektiven bewusst zu machen. Mithilfe der Rollenspiele erinnern sich die Teilnehmer häufig an eigene, scheinbar vergessene schwierige Gesprächssituationen aus ihrem Berufsleben. Als Feedback auf die Seminare erfahren wir oft, dass sich die Teilnehmer zum ersten Mal in ihrem Berufsleben Zeit für die Reflexion ihrer Kommunikationsgewohnheiten nehmen. Viele betrachten es als »echten Luxus«, sich damit auseinandersetzen zu dürfen.

Da die Teilnehmer aber in der Regel keine Schauspielausbildung durchlaufen haben, halten sie sich verständlicherweise meist nicht exakt an das »Drehbuch« der Rollen- und Aufgabenbeschreibung. Bisweilen brechen sie bei der Ankündigung emotional belastender Situationen mit Komik, Humor und Albernheit aus der Rolle aus, was das geplante Gespräch vorzeitig beendet. Außerdem sind die Teilnehmer meist nicht ausreichend darin geübt, Kritik zu formulieren.

Die Rollenspiele helfen den Teilnehmern, das Beobachten zu lernen. Simulationspatienten sind mit Abstand die beste Methode, die Kommunikation zu üben. Wir passen die verschiedenen Rollen jeweils unserer Teilnehmergruppe an und versuchen eine Situation zu bearbeiten, beispielsweise zum ersten Mal die Diagnose einer schwerwiegenden Erkrankung auszusprechen (z. B. Unfalltod, Brustkrebs, HIV-Erkrankung, Eierstockkrebs), einen unheilbaren Rückfall (Rezidiv) oder eine präfinale Krankheitssituation, bei der keine Therapie mehr möglich ist und davon auszugehen ist, dass die Patientin oder der Patient bald sterben wird.

Die Simulationspatienten sind trainierte Schauspieler, die eine vorher besprochene Krankengeschichte mit ausführlicher

Vita, beruflichen und privaten Beziehungen und Konstellationen mitbringen. Sie verhalten sich authentisch und reagieren im Gespräch so, dass es für die Teilnehmer den größtmöglichen Trainingseffekt hat.

Nach dem schwierigen Gespräch, das vor der Gesamtrunde stattfindet, verlässt die Patientin oder der Patient den Raum und wirft die gespielte Rolle wie einen Mantel ab. Danach kehrt sie/er zur Gruppe zurück und gibt dem Überbringer der schlechten Nachricht ein Feedback.

Als Erstes wird der Überbringer der schlechten Nachricht gefragt, wie er sich bei dem Gespräch gefühlt hat und was ihm seiner Meinung nach gut oder weniger gut gelungen ist. Abschließend kann er darüber befragt werden, ob er glaubt, dass er die Aufgabenstellung der Übermittlung der jeweiligen Sachinformationen erfüllt hat und wie sich die Patientin oder der Patient wohl am Ende des Gesprächs gefühlt hat. Ob es irgendetwas gibt, das vielleicht unausgesprochen blieb und das er die Patientin oder den Patienten noch gerne gefragt hätte.

Dann werden den Simulationspatienten die gleichen Fragen gestellt. Sie sind für das Formulieren von Kritik speziell ausgebildet und versuchen immer, das Positive hervorzuheben und die Trainees darin zu bestärken. Immer wieder berichten die Teilnehmer davon, dass sie sehr schnell in die als absolut real empfundene Situation eintauchen und die künstlichen Rahmenbedingungen komplett vergessen. Selbst bei den Teilnehmern, die an sich nur Beobachteraufgaben haben, sehe ich immer wieder Tränen in den Augen.

Im Rahmen des Gesprächs mit Simulationspatienten ist es jederzeit möglich, neu anzufangen, mit anderen Worten oder Informationen zu starten und die Situation zu wiederholen, um den weiteren Verlauf in eine andere Richtung zu lenken. Eigentlich dachte ich, dass dies nur für unsere Trainingsseminare gilt, aber erst vor einigen Monaten hatte ich eine Situation in der Klinik, in der ich nach wenigen Minuten merkte, dass die Chemie zwischen der Patientin und mir nicht stimmte. Ich teilte ihr dies auch so mit und fragte sie, ob wir das Gespräch neu starten könnten. Ich sagte ihr: »Ich habe das Gefühl, dass ich Sie nicht gut genug in das Gespräch über Ihre schwierige Krankheitssituation geführt habe. Darf ich Sie bitten, dass wir eine kurze Pause machen und dann das Gespräch neu beginnen?« Sie hörte mir ruhig zu, obwohl ich auch Wut bei ihr spürte, dann schaute sie vom Boden auf und sagte: »Sehr gerne, und Durst habe ich auch.« Ich holte ihr einen grünen Tee, und wir begannen das Gespräch von Neuem. Wir sprachen etwa eine halbe Stunde, und am Ende des Gesprächs hatte ich trotz der Übermittlung sehr schlechter Krankheitsbefunde ein gutes Gefühl. Die Patientin dankte mir auch später für den zweiten und auch nach ihrer Meinung besseren Versuch. Daher empfehle ich, auch diese Option nicht ganz außer Acht zu lassen und für die eine oder andere Situation durchaus als »Plan B« zu nutzen.

Verschiedene Untersuchungen weisen nach, dass Ärzte, die derartige Trainingsprogramme durchlaufen haben, langfristig besser mit schwierigen Gesprächen umgehen und selbst weniger emotionalem Stress ausgesetzt sind. Dennoch muss konstatiert werden, dass bisher nur sehr wenige Studien zu den Langzeiteffekten durchgeführt wurden und meist auch nicht die betroffenen Patienten eingebunden waren.

Doch auch ohne Beweise im Sinn der sogenannten Evidence Based Medicine wäre meiner Ansicht nach wichtig, dass derartige Weiterbildungen nicht nur während des Medizinstudiums, sondern auch während der Facharztausbildung und danach Pflicht sein sollten. Zu schnell fällt man in alte Muster zurück, wenn nicht immer wieder nachjustiert wird. Das ist bei nahezu allen Techniken und medizinischen Prozessen der Fall. Die strukturierte und konkrete (und angeleitete) Auseinandersetzung mit der Übermittlung von schlechten Nachrichten kann zudem die Motivation des Arztes und des gesamten medizinischen Personals zur Ausübung ihres Berufs positiv beeinflussen. Auch das zeigen Studien eindeutig. Womöglich könnten rechtzeitige und regelmäßige »Stops« dieser Art das Burn-out-Risiko beim medizinischen Personal senken.

Checkliste für das Gespräch zur Übermittlung einer schlechten Nachricht

Für den Überbringer

1. **Habe ich genug Zeit in die Vorbereitung investiert?**
Zeitpunkt? Zeitrahmen? Wie ist meine Eigenmotivation? Weiß ich, welches Vorwissen der Empfänger hat (aktuelle körperliche, psychische, soziale und emotionale Situation)? Ist der Empfänger auf mein Gespräch vorbereitet? Was könnten die nächsten Schritte nach dem Gespräch sein?
2. **Wie sammle ich während des Gesprächs wichtige Informationen zu meinem Gegenüber?**
Was sind die verbalen und non-verbalen Kommunikationssignale?
Was weiß der Empfänger? Was will er wissen? Kann ich den Informationsstand ausloten?

3. **Wann und wie kann ich eine Warnung geben?**
   Frühzeitig einen Hinweis geben, dass eine schlechte Nachricht folgen wird. Je früher, desto besser!

4. **Pausen und offene Fragen nutzen, Unterbrechungen vermeiden!**
   Pausen und offene Fragen ermöglichen dem Empfänger, die schlechte Nachricht zu verarbeiten und Gedanken und Emotionen selbst auszudrücken.

5. **Sich auf die Kernbotschaft der schlechten Nachricht konzentrieren.**
   Vermeiden Sie zu lange Sätze. Lassen Sie die Kernbotschaft wirken, ohne sie zu relativieren oder zu beschönigen oder auf andere Themen zu springen. Nutzen Sie die Kraft der Pause!

6. **Wiederholt praktische und pragmatische Hilfsangebote machen!**

7. **Fazit formulieren und, wenn möglich, das »Gute« hervorheben. Den nächsten möglichen Schritt benennen.**
   Nicht zwanghaft nach dem »Guten« suchen. Das »Gute« aus Sicht des Überbringers kann das »Schlechte« aus Sicht des Empfängers sein.

8. **Debriefing**
   Entlasten Sie sich selbst nach dem Gespräch durch einen Dialog oder eine kleine Pause, bevor Sie in den nächsten Arbeitsprozess gehen.

Für den Empfänger
Kann auch zur Vorbereitung des Überbringers genutzt werden. Die Perspektive des Empfängers und seiner Angehörigen einzunehmen, kann nur hilfreich sein.

1. **Kann ich mich auf das Gespräch vorbereiten?**
Kann ich den Zeitpunkt mitbestimmen? Möchte ich, dass eine Vertrauensperson dabei ist? Wer sollte dabei sein, wenn es eine gute Nachricht wird? Wer, wenn es eine schlechte Nachricht wird?
2. **Wie kann ich alle Informationen, die mir mitgeteilt werden, erfassen?**
Fragen Sie nach oder bitten Sie Ihre Vertrauensperson, Notizen zu machen. Grundsätzlich werden aber im Gespräch zu schlechten Nachrichten eher zu viele als zu wenige Informationen gegeben. In Folgegesprächen können weitere Informationen eingeholt werden.
3. **Fordern Sie Pausen ein und versuchen Sie selbst, Ihre Emotionen und Gedanken auszudrücken!**
Nehmen Sie sich alle Zeit, die Sie brauchen, sich zu orientieren, um dem weiteren Gespräch folgen zu können. Ist Ihnen alles zu viel, sagen Sie es und bitten Sie um eine kleine Auszeit.
4. **Konzentrieren Sie sich auf die Kernbotschaft der schlechten Nachricht.**
Was ist die Kernbotschaft? Habe ich sie verstanden? Kann ich sie meinen Angehörigen schildern?
5. **Bitten Sie den Überbringer der schlechten Botschaft abschließend, ein Fazit zu formulieren.**
6. **Wie kann mir jetzt geholfen werden?**
Was könnten die nächsten praktischen Schritte sein? Wer kann mich dabei unterstützen? Wer kann meine Trauer und Unsicherheit begleiten? Bei wem kann ich heute bleiben? Wie komme ich jetzt nach Hause? Was hat mir sonst im Leben im Umgang mit schlechten Nachrichten geholfen?

Für den Begleiter

1. **Kann ich mich auf das Gespräch vorbereiten?**
   Was weiß ich zum bisherigen Verlauf der Krankheit, der Gespräche? Wie ernst ist die Situation jetzt? Möchte und kann ich das Gespräch und die Situation aushalten? Möchte die betroffene Person, dass ich dabei bin?

2. **Das Gespräch beobachten.**
   Wie kann ich alle Informationen, die mitgeteilt werden, erfassen? Welche Rolle kann und soll ich übernehmen? Fragen Sie die betroffene Person.

3. **Die Situation aushalten.**
   Der Rhythmus des Gesprächs sollte nur von der betroffenen Person und dem Überbringer der schlechten Nachricht bestimmt werden. Versuchen Sie nicht, als Moderator oder Anwalt aufzutreten, eher als stiller Beisitzer anwesend zu sein, der aber natürlich auch Fragen stellen darf.

4. **Sich auf die Kernbotschaft der schlechten Nachricht konzentrieren.**
   Was ist die Kernbotschaft? Habe ich das auch verstanden?

5. **Nach dem Gespräch**
   Nach dem Gespräch anbieten, das Fazit und das gesamte Gespräch nochmals zu besprechen. Respektieren Sie aber auch, wenn gewünscht wird, dass zunächst gar nicht gesprochen wird. Versuchen Sie, sich darauf zu konzentrieren, praktische Hilfen wie den Nachhauseweg zu organisieren oder die Einkäufe zu übernehmen. Fragen Sie einfach, ob Sie dableiben sollen, und bieten Sie an, der betroffenen Person zuzuhören. Setzen Sie sich nicht selbst unter Druck, perfekte unmittelbare Lösungsansätze zu liefern.

6. **Selbstreflexion**

Wie kann ich meine Rolle und mein Wirken beim Umgang mit der schlechten Nachricht reflektieren? Wer hilft mir dabei, ohne der betroffenen Person das Gefühl zu vermitteln, eine »zusätzliche Last« zu sein? Brauche ich professionelle Unterstützung?

Auswahl wissenschaftlicher Literatur

Aizer AA, Chen MH, McCarthy EP, Mendu ML, Koo S, Wilhite TJ, Graham PL, Choueiri TK, Hoffman KE, Martin NE, Hu JC, Nguyen PL. Marital status and survival in patients with cancer. J Clin Oncol. 2013 Nov 1;31(31):3869-76.

Baile W. F, Buckman R, Lenzi R, Glober G, Beale E. A., Kudelka A. P. et al. SPIKES – a six step protocol for delivering bad news: Application to the patient with cancer. Oncologist 2000; 5: 302-11.

Diehm, Michaud, Sehouli: Mit Schreiben zur Lebenskraft. Übungsbuch für Frauen mit Krebserkrankungen und ihre Angehörigen, München 2018.

Fallowfield LJ, Jenkins V, Farewell V, Saul J, Duffy A, Eves R. Efficacy of a Cancer Research UK communication skills training model for oncologists: a randomised controlled trial. The Lancet 359: 650-56, 2001.

Harvard School of Public Health. The Burden of Stress in America. National Public Radio (U. S.). Verlag Robert Wood Johnson Foundation, 2014.

Holman EA1, Garfin DR, Silver RC. Media's role in broadcasting acute stress following the Boston Marathon bombings. 2014 Jan 7; 111(1):93-8. doi: 10.1073/pnas.1316265110. Epub 2013 Dec 9.

Klapp C : Kommunikation – praktische Tipps für das schwierige Gespräch mit Patienten. Gynakol Geburtsmed Gynakol Endokrinol 2010;6(2):152-166.

Oskay-Özcelik G, Lehmacher W, Könsgen D, Christ H et al. Breast cancer patients' expectations in respect of the physician-patient relationship and treatment management results of a survey of 617 patients. Annals of Oncology 2007; 18:479-484.

Romer G, Bergelt C, Möller B. Kinder krebskranker Eltern: Manual zur kindzentrierten Familienberatung nach dem COSIP-Konzept. Hogrefe Verlag; Auflage: 1 (11. Juni 2014).

Vorderwülbecke F, Feistle M, Mehring M, Schneider A, Linde K: Aggression and violence against primary care physicians, a nationwide questionnaire survey. Dtsch Arztebl Int 2015; 112: 159.

Dank

Danke an alle, ohne die dieses Buch niemals möglich gewesen wäre. Erst kam die Begegnung, dann das Gespräch, dann die Erfahrung, dann die Erinnerung, dann das Verstehen. Und erst dann dieses Buch.

Ich danke euch sehr:
Allen meinen Patientinnen und deren Angehörigen und Freunden, dass Sie mir Ihr Vertrauen schenkten,
meinen Kolleginnen und Kollegen, Dr. Tobias Winstel, dem Kösel-Verlag, Hans Georg Hoffmann, Marlene Fritsch, Dr. Elke Leonhard, Dr. Christine Klapp, Wolfgang Kohlhaase, Rainer Löhr, meinen großartigen Kindern und meiner wunderbaren Frau Adak Pirmorady.

Heilung durch Kreatives Schreiben

Krebskranke Frauen und deren Angehörige finden in diesem praktischen Übungsbuch eine Fülle verschiedener Übungen zum Kreativen Schreiben. Sie helfen dabei, die Diagnose einer Krebserkrankung konstruktiv zu verarbeiten, neue innere Stabilität zu gewinnen und wertvolle Schritte auf dem Weg zur Genesung einzuschlagen.

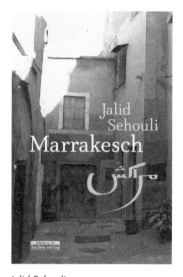

Jalid Sehouli
Und von Tanger fahren die Boote nach irgendwo

272 Seiten, 14 x 22 cm, geb./SU
22,– €
ISBN 978-3-86124-700-5

Jalid Sehouli
Marrakesch
Viele Geschichten in einer Geschichte

208 Seiten, 14 x 22 cm, geb./SU
20,– €
ISBN 978-3-86124-713-5

Tanger ist eine der geheimnisvollsten Städte der Welt. Bewohnt von hungrigen Schmugglern, exzentrischen Literaten und glücklosen Glücksrittern, war die »weiße Perle Afrikas« lange Zeit verrufen und ist noch heute ein Magnet unzähliger außergewöhnlicher Menschen und ihrer Schicksale. Jalid Sehouli hat sich auf den Weg gemacht in die Heimat seiner Eltern, in der er selbst niemals lebte, und verwebt seine Begegnungen und Erlebnisse zu einem faszinierenden Panorama, das von Sehnsucht, Liebe, Schmerz, Heimat und Verlust erzählt. Die Geschichten Tangers fesseln und lassen den Leser nicht mehr los.

Marrakesch, die rote Stadt! Die nordafrikanische Metropole ist einer der geheimnisvollsten und faszinierendsten Orte der Welt. Der Djemaa el Fna, der »Platz der Gehängten«, mit seinen Marktständen, Gauklern und Schlangenbeschwörern, die engen Gassen, die Basare und die in Innenhöfen verborgenen Gärten haben Marrakesch zu einem Inbegriff orientalischen Lebens werden lassen. Jalid Sehouli widmet der Stadt ein vielschichtiges Porträt, in dem sich Farben, Gerüche, Schicksale und Geschichten auf magische Weise miteinander verbinden.

www.bebraverlag.de

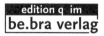